Susi Rieth

Planten-Energie

Susi Rieth

Planeten-Energie

*Nutzen Sie die
glückbringenden kosmischen Kräfte
zum richtige Zeitpunkt*

nymphenburger

Susi Rieth, in Graz geboren, kam nach einem schweren Verkehrsunfall zum ersten Mal mit Yoga in Berührung, durch das sie, wider allen Erwartungen, ihre Bewegungsfähigkeit wiedererlangte. Sie gab ihren Beruf als Freskomalerin und Grafikerin auf, um sich als Yogalehrerin ausbilden zu lassen. Heute lebt Susi Rieth in Reith bei Kitzbühel, wo sie eine Yoga-Schule hat.
1987 erschien in der nymphenburger ihr Buch »Mit Yoga durchs Jahr«, 1990 »Das Yoga Lexikon«, das längst zum Standardwerk für alle Yoga-Interessierten geworden ist, 1993 ihre »Harmonieübungen« und 1995 »Die 7 Lotusblüten«.

Fotos: Werner Rieth
Zeichnungen: Susi Rieth
Schutzumschlag: Atelier Höpfner-Thoma, München
Schutzumschlagmotiv: The Image Bank, München. Foto (SU) Susi Rieth: Tony Pichler.
Satz: Walter Typografie & Grafik, Würzburg
Gesetzt aus 10/12 Punkt Optima
Druck und Binden: Westermann, Zwickau
Printed in Germany
ISBN 3-485-00748-X

Jeden Tag spiegelt sich
ein anderer Himmelskörper
im ruhigen Gedankensee
der Seele.

Inhalt

Das Leben als funkelnde Perlenkette

Das Leben ist wie eine Perlenkette. Jede Lebensperle enthält den Glanz vom Licht der Himmelskörper, die jeden Tag der Woche glückbringende Schwingungen über Pflanzen, Tiere und Menschen breiten.
Diese geheimnisvollen Kräfte wirken seit Bestehen der Erde. Unsere Vorfahren nahmen sie an, so selbstverständlich, wie sie mit Sonnenuntergang schlafen gingen und bei Sonnenaufgang aufstanden. Noch bevor die immer wiederkehrenden Perioden gewisser Planetenbestrahlungen bewußt wahrgenommen wurden, fühlten die Menschen diese segnenden Kräfte und nutzten sie für sich. Die Kräfte waren sogar so auffällig, daß selbst jeder Wochentag nach dem ihn beeinflussenden Himmelskörper benannt wurde.
Aus diesem paradiesischen Naturzustand, der uns die zur Verfügung stehenden Kräfte voll nutzen ließ, entfernte uns die technische Entwicklung in zunehmendem Maße. Allein, daß das elektrische Licht die Nacht zum Tag macht, ein Flugzeug die Zeitgrenze überwindet – allein das reicht, den Menschen aus jedem natürlichen Gleichgewicht herauszureißen.
Doch der Einfluß der Himmelskörper besteht trotz dieser Entwicklung weiterhin fort. Nur die Wahrnehmung ist eine andere geworden. Die Schwingungen der Planeten binden den Menschen mit all seinen Lebensfasern immer noch an die einmaligen Gesetze der Schöpfung. Der Irrsinn der Vielfalt, die uns tagtäglich noch Neueres, Schnelleres, scheinbar Perfekteres zuträgt, läßt uns das Einfache und Natürliche des täglichen Wohlbefindens nicht mehr erkennen und nicht mehr sehen. Obwohl es so naheliegend und offensichtlich ist wie die Sterne, die am Himmel funkeln.

Die Urkräfte des Kosmos binden den Menschen an die einmaligen Gesetze der Schöpfung

Wenn ich zum Himmel hinaufsehe, scheint es mir, als stünde ich auf einer für mein Auge begrenzten Insel. Und über dieser meiner Insel wölbt sich geheimnisvoll wie eine durchsichtige Glocke das Firmament.
Ich weiß, daß meine geliebte Mutter Erde ein kleiner runder Weltkörper ist, ein Stern unter Milliarden anderer im gewaltigen Universum.
Ja, könnte ich in einem Raumschiff die Erde verlassen und ins Weltall hinausfahren, Jahrmillionen, wenn ich auch noch unsterblich wäre, ich würde das Ende des Weltalls weder erahnen noch begreifen können.
Trotzdem zieht es mich hinaus zu den großen schöpferischen unbegreiflichen Geheimnissen, zieht mich hinaus, weil ich ein Kind der Schöpfung bin und eine so tiefe Sehnsucht nach meinem Ursprung in mir brennt.
Und wer so empfindet wie ich, wer diese Sehnsucht nach einer phantastischen und unerklärbaren Geborgenheit in einer fremden Sphäre sucht, der wird mein Bemühen verstehen, sich näher mit den Geheimnissen der Himmelskörper zu beschäftigen.

Nutzen Sie die heilbringenden Kräfte der Himmelskörper

Wir müssen wieder lernen, mit ihren heilbringenden Kräften zu leben – und dies ist so einfach!
Wir brauchen uns nur bewußt zu machen, in welchem Maße jedes Tierkreiszeichen und jeder Planet uns anbietet, seine Kräfte zu gebrauchen. So werden wir jeden Tag als das wahrnehmen, was er ist: das Erlebnis, mit Schwingungen und beglückenden Kräften Verbindung aufzunehmen.
Jeder gibt selbst den Perlen seiner Lebenskette den schimmernden Glanz des Glücks.

Der heutige Tag kann zum Wendepunkt Ihres Lebens werden

Deshalb warten Sie nicht bis morgen, um für immer froh und gesund zu sein! Seien Sie jetzt zuversichtlich, und wünschen Sie sich etwas von den Himmelskörpern. Seien Sie jetzt entschlossen, etwas zu tun! Dann kann der heutige Tag zum Wendepunkt Ihres Lebens werden.

Der Pfad zum kosmischen Wohlbefinden

Die Himmelskörper beeinflussen jeden Tag, jede Sekunde alles Leben auf dieser Erde. Man kann sie vergleichen mit den Feen aus dem Märchen »Dornröschen«, die zur Geburt eines Kindes eingeladen wurden, um es zu beglücken. Jede der Feen brachte eine unschätzbare Gabe als Geschenk mit. Genau so, wie die Himmelskörper, die an den verschiedenen Wochentagen ihre beglückenden Strahlen auf uns herabfließen lassen.

Nur wenige Menschen sind bereit, diese magischen Kräfte anzunehmen, die einst wie heute frei in der Welt wirken. Aber selbst wenn Sie nicht daran glauben, werden Sie doch jeden Tag der Woche von diesen geheimen und unsichtbaren Kräften berührt und liebevoll geleitet.

Jeder hat aber auch die Freiheit, sich ganz bewußt diesen Kräften zuzuwenden und stufenweise mit ihnen Verbindung aufzunehmen.

Im Pfad zum kosmischen Wohlbefinden erhalten Sie Anregungen dazu. Seien Sie ganz offen, und machen Sie sich mit uns auf den Weg. Entdecken Sie die wohltuenden Energien am ruhigen Gedankensee Ihrer Seele.

Mit dem Pfad zum kosmischen Wohlbefinden entdecken Sie die Energien am ruhigen Gedankensee Ihrer Seele

Kommen Sie mit, und lassen Sie die Sterne des Himmels sich zu ihrem eigenen Sternbild formen; werfen Sie einen Blick auf Ihr mitbeeinflussendes gegenüberliegendes Sternbild; lächeln Sie über das Spiegelbild, das Ihr Körper zu den Sternen zurückstrahlt, und lassen Sie die Energie der Himmelskörper in jedem Organ Ihres Körpers wohltuend ihre Arbeit tun.

Seien Sie so offen und unbefangen wie eine Blume, die sich am Morgen der Sonne öffnet, wie eine Lerche, die die Sonne begrüßt, und wie ein Eichhörnchen, das sich kuschelig zusammenrollt, wenn der Mond aufgeht. Dieser Kreislauf symbolisiert nichts anderes als die Berührung der sieben schöpferischen Kräfte, die Sie von den Planeten aus beeinflussen und nach denen auch die Woche benannt ist.

Nutzen Sie die Energie der Planeten an jedem Wochentag

Nehmen Sie am Sonntag, dem Tag der Sonne, strahlende Gesundheit an; am Montag, dem Tag des Mondes, die Kraft, die alles zum Wachsen bringt; am Dienstag, dem Tag des Mars, die Entscheidungskraft für Geist und Körper; am Mittwoch, dem Tag des Merkur, die Begabung scharfen Denkens; am Donnerstag, dem Tag des Jupiters, die Gabe, das Innere zu sehen und nicht das Äußere; am Freitag, dem Tag der Venus, die Einsicht, nicht zu sprechen, sondern zu handeln, und am Samstag, dem Tag des Saturn, die Erkenntnis, daß Gedanken frei sind und die Materie begrenzt.

Machen Sie sich mit uns auf den Weg, von Station zu Station, bis der Kreis sich schließt und Sie wieder eins werden mit den Urkräften, die das Rad des Lebens beeinflussen.

Die magische Energie der Sterne

Der erste Pfad
zum kosmischen Wohlbefinden

Erkennen Sie die grundsätzlichen
Charaktereigenschaften Ihres Tierkreiszeichens,
in dem Sie geboren sind
und von dem Sie beeinflußt werden.

Die zwölf Tierkreiszeichen

Ihr ganz persönliches Tierkreiszeichen

Wenn Sie zum Himmel hinaufsehen, an dem Tausende von Sternen funkeln, ist eine Sternengruppe dabei, die Sie berührt, zu der Sie sich hingezogen fühlen, die eben Ihr ganz persönliches Tierkreiszeichen ist. Die Erde dreht sich um die Sonne, und an irgendeinem Tag wurden Sie geboren, in einem ganz bestimmten Land, zu einer ganz bestimmten Zeit. Und genau zu diesem Augenblick hat ein ganz bestimmtes Tierkreiszeichen Sie begrüßt und behütet.

Entdecken Sie selbst Ihr Tierkreiszeichen am Himmel:

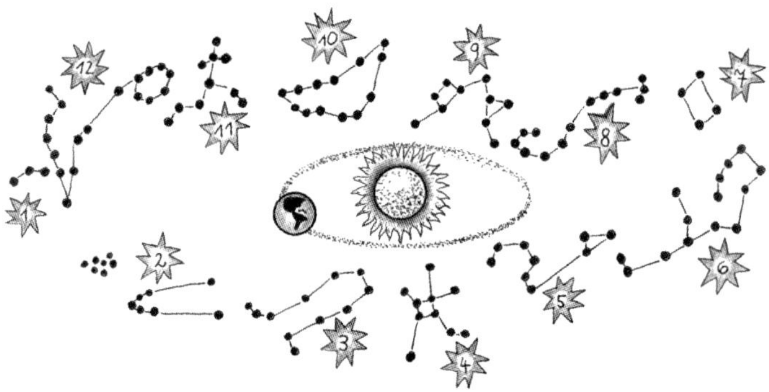

1. Widder	5. Löwe	9. Schütze
2. Stier	6. Jungfrau	10. Steinbock
3. Zwillinge	7. Waage	11. Wassermann
4. Krebs	8. Skorpion	12. Fische

Jeder natürliche Gegenstand strahlt kosmische Wellen aus

In asiatischen Ländern berücksichtigt man seit jeher, daß von jedem natürlichen Gegenstand kosmische Wellen ausgestrahlt werden. Diese Energieausstrahlung wird von jedem

Tierkreiszeichen und von jedem Himmelskörper beeinflußt, ob es sich um Nahrung, Heilpflanzen, Mineralien, Körperzentren, Jahreszeiten, Monate oder Tage handelt.

Niemand baut ein Haus, macht ein Geschäft, überreicht ein Geschenk, heiratet oder wirbt, wenn es nicht der richtige Tag, der richtige Zeitpunkt ist. Auch unser Kalender wurde ursprünglich entwickelt, um die Jahreszeiten mit ihren Wirkungen auf Pflanzen und Tiere festzuhalten. Nur im Einklang und unter Berücksichtigung der Naturkräfte konnten die ersten Menschen, die sich als Ackerbauern niederließen, die Kräfte der Natur sinnvoll nutzen.

Im Einklang mit den Naturkräften

Immer schon waren auch Medizin und Astrologie eng miteinander verbunden: Zum Studium eines Arztes gehörte auch das Studium der Astrologie. Dem Kranken wurde ein Horoskop erstellt, aus dem der Arzt die Verabreichung von Nahrung und Heilkräutern herauslas.

Wer fragt sich da nicht, woher dieses Wissen kommt? Wer kann sich schon der Faszination dieses großen Geheimnisses entziehen? Sind Götter, die in goldenen Sonnenwagen und leuchtenden Himmelsschiffen durch den Himmel zogen, unsere Lehrmeister? Wußten sie, wie man Gesundheit erhält und ein Leben verlängert, um in Freuden und heiterer Ausgelassenheit alt zu werden?

Um die tief verborgenen Geheimnisse der zwölf Tierkreiszeichen zu verstehen, ist es wichtig zu erfahren, weshalb die Götter gerade dieses Zeichen auswählten und an den Himmel setzten. Denn sogar in den Entstehungsgeschichten der Tierkreiszeichen weisen auf gewisse Charakterzüge der Menschen hin, die unter diesem Zeichen geboren sind.

Natürlich können die Beschreibungen der verschiedenen Charaktere niemals ausreichen, um allen Facetten und bezaubernden Eigenschaften eines einzelnen Menschen gerecht zu werden. Und dennoch sind überraschend viele Eigenschaften zu erkennen, die eben nur zu einem ganz bestimmten Tierkreiszeichen passen.

Symbol	Sternbild	Charakter
Widder 		Ich bin
Stier 		Ich habe
Zwillinge 		Ich denke
Krebs 		Ich fühle
Löwe 		Ich will
Jungfrau 		Ich prüfe

Die Geschichten der zwölf Tierkreiszeichen

Widder

Ino haßte ihre Stiefkinder Phrixus und Helle und versuchte, sie durch Hinterlist zu töten. Da sendete Zeus ihnen einen goldenen Widder, auf dessen Rücken die Geschwister flohen. Helle fiel in das Meer, doch Phrixos entkam ins Sonnenland Aia. Dort opferte er Zeus den Widder, der das Zeichen Widder an den Himmel setzte.

Stier

Der schneeweiße Stier, der die schöne Europa umwarb, hieß Tauros. Er entführte Europa auf seinem Rücken. In Wirklichkeit war es der in Liebe entbrannte Zeus, der sich zum Stier verwandelt hatte. Als er nach der Liebesaffäre wieder zum Gott wurde, setzte er das Sternzeichen des Stiers an den Himmel.

Zwilling

Zwei Kinder stellten das Sternbild »Die zwei Sterne« dar, wie es in Ägypten genannt wurde. Der griechische Gott Zeus belohnte das Zwillingspaar Kastor und Polydeukes für ihre Bruderliebe, die alle Prüfungen bestand, und setzte das Sternzeichen des Zwillings an den Himmel.

Krebs

Dieses geheimnisvolle Zeichen am Himmel nannten die Ägypter »Zwei Schildkröten« oder auch die »Sterne des Wassers«. Die Bezeichnung des Sternbildes Krebs stammt von den Babyloniern. Ganz gelöst ist das Geheimnis nicht über das mystische Tier. Sterne symbolisieren wiedergeborene Seelen. Schildkröten sind Glückssymbole. Sind Zaubertiere.

Löwe

Die Tötung des Löwen von Nemea war für Herakles eine schwierige Herausforderung. Das Untier war unverwundbar. Er verbarrikadierte den Höhleneingang des Löwen und erwürgte das wütend gegen ihn anspringende Tier mit bloßen Händen, wobei ihm der Löwe einen Finger abbiß. Seit damals steht das Sternbild des Löwen am Himmel.

Jungfrau

Die schöne Astraid war die Tochter von Zeus und Themis. Als Göttin der Gerechtigkeit herrschte sie bis zum Ende des Goldenen Zeitalters. Als die Machenschaften der Menschen ihre Herrschaft bedrohten, wandte sie sich schaudernd von den Menschen ab und zog sich in den Himmel zurück, wo das Sternbild Jungfrau leuchtet.

Symbol	Sternbild	Charakter
Waage 		Ich schwanke
Skorpion 		Ich begehre
Schütze 		Ich sehe
Steinbock 		Ich gebrauche
Wassermann 		Ich weiß
Fische 		Ich glaube

Waage

Wurde 2000 v. Chr. in Assyrien Gericht über die Lebenden und Toten gehalten, wog man die Seelen der Angeklagten mit den zwei Waagschalen, die man Zibanitu nannte. Die Waage entschied über Schuld und Unschuld. Sie steht als Symbol der Gerechtigkeit am Himmel.

Skorpion

Orion wetteiferte im Diskuswerfen mit der Göttin Artemis, die eifersüchtig auf seine Geliebte, die Göttin der Morgenröte, war. Apollon befahl einem riesigen Skorpion, den Jäger Orion zu töten, jedoch Orion entkam ihm. Artemis erschoß Orion, als sie einen Kopf am Horizont des Meeres sah. Als sie verzweifelt ihren Irrtum erkannte, setzte sie Orion an den Himmel, ewig verfolgt vom Skorpion.

Schütze

Die Kentauren waren wild und übermütig, halb Mensch, halb Pferd, und stifteten viel Unruhe, wenn sie mit Baumstämmen und Felsen kämpften. Das Gegenteil von ihnen war der weise Seher Cheiron, der die Unsterblichkeit dem Prometheus vermachte und von Zeus unter die Gestirne als Schütze gesetzt wurde.

Steinbock

Pan, der ein ziegenfüßiges, doppelgehörntes, bärtiges Wesen war, strahlte Sinnlichkeit aus und scherzte gerne mit den Nymphen. Er war auch Gott der Träume und Wahrsager und Geleitsgott im Gebirge und am Meer. Die Babylonier besaßen einen ähnlichen Gott, der Ziegenfisch genannt wurde. Der Steinbock steht am Himmel und ihm sind Fichte und Steineiche heilig. Er ist Patron der Hirten und Jäger.

Wassermann

Hapi, ein ebenmäßig gebauter ägyptischer Gott, goß aus zwei Krügen Wasser – ein uraltes Symbol des heiligen Nils. In Babylon wurde das Sternbild Wassermann auch mit der Göttin der Geburt und der Heilung in Zusammenhang gebracht. Hapi war ein Gott, der exzentrische Züge trug und gerne zu Unordnung und Chaos führte.

Fische

Der abscheuliche Typhon erschreckte Aphrodite, die Schönheit, Jugend und Liebe ausstrahlte, und Adonis. Sie stürzten sich in den Nil und verwandelten sich in Fische. Aphrodite weiß sehnsüchtiges Verlangen zu wecken, den zarten Trieb der Neigung und das Glück der Erhörung. Niemand war so schön wie der unwiderstehliche Jüngling Adonis. An diese beiden erinnert das Sternbild Fische.

Steckbrief Widder

21. März – 20. April

Der Widder ist durchdrungen von Abenteuerlust. Alles will untersucht sein. Im Privatleben, im Beruf, im Durchleuchten von Menschen, denen er begegnet. Er ist energisch und freiheitsliebend. Alles will er sofort haben, und dazu setzt er sein schnelles Denken ein.

Der Widder ist ein Willensmensch. Impulsiv und leidenschaftlich drängt er vorwärts und setzt Selbstvertrauen, Mut, Ehrgeiz und Hartnäckigkeit sowie Ausdauer bei allen Unternehmungen ein. Seine Gedanken regen ihn immer wieder zu neuen Plänen an, und er ist ein geborener Kämpfer mit immer neuen und noch größeren Plänen im Kopf. Er will der erste sein und ist es meist auch. Zufrieden ist er nur dann, wenn er seinen Willen durchsetzen kann. In seiner Impulsivität schießt er manchmal über das Ziel hinaus und läßt sich zu tollkühnen Dingen verführen. Aber er kann auch andere für sich und für neue Ideen begeistern und mitreißen.

Die Widder-Frau

Gerne gibt sie den Ton an, oft mit herrischer Stimme. Andererseits hat sie ein angeborenes Ehrgefühl und ist leicht zu kränken. In der Liebe ist sie sehr vorsichtig. Sie kennt glühende Leidenschaft, beherrscht sich aber manchmal bewußt und ist überraschend inkonsequent. Sie ist klug, treu und wird alles versuchen, daß der Mann, den sie liebt, nicht verloren geht. Oft verliebt sie sich schon in sehr jungen Jahren.

Der Widder-Mann

Stolz, selbstbewußt und eigentlich doch auch herrschsüchtig ist ein Widdermann, dabei gibt er sich sehr ritterlich und generös zu seiner Frau. Er will stolz sein auf seine Frau. Und er ist sehr liebebedürftig. Eine abgestandene Liebe, die nach Gewohnheit aussieht, befriedigt ihn keinesfalls. Da wird er unbeständig und zum Draufgänger.

Steckbrief Stier

21. April – 20. Mai

Kaum ein Tierkreiszeichen ist ein so geduldig arbeitender, in der Einsamkeit schaffender Geist. Dieser ausdauernde Arbeitswille gehört zu den größten Vorzügen des Stiers, dessen Gründlichkeit und Gewissenhaftigkeit fast sprichwörtlich sind. Im Stier ist tiefe Ruhe, Gelassenheit der Bewegung als Grundprinzip all seiner Lebensäußerungen. Er hat ein sicheres Empfinden für jede Art von irdischen Werten. Er besitzt gerne schöne materielle Dinge, übt auch gerne Einfluß auf andere Menschen aus, möchte sich dafür aber nicht anstrengen. Ruhende Kraft ist also das Kennzeichen des Stiermenschen.

Die Stier-Frau

Besonders genau nimmt sie es mit der Treue. Ihre Begabung liegt im Umgang mit Geldangelegenheiten; sie spart sogar besonders leidenschaftlich, um so größer die Freude, wenn sie sich oder anderen einen langersehnten Wunsch erfüllt. Rastlos sorgt sie für ihre Angehörigen, betrachtet jedoch sehr zurückhaltend Liebesbezeugungen des anderen Geschlechts. Hat ihr Herz aber Feuer gefangen, dann verliert sie jede Besinnung.

Der Stier-Mann

Er denkt logisch, hat einen starken eigenen Willen und ist äußerst gewissenhaft in Freundschaft und Liebe. Klug weiß er, Geschäfte auszunützen, liebt Heim und Garten und ist stolz auf eine große Nachkommenschaft. Eine sinnlich-sexuelle Anlage verbindet sich mit einem reichen Gemüt. Kurz und gut: der beste Ehemann – der jedoch auch ein unnachgiebiger Trotzkopf sein kann.

Steckbrief Zwilling

21. Mai bis 21. Juni

Der Zwillingsgeborene ist geschäftlich sehr vielseitig interessiert. Oft beginnt er mehrere Unternehmungen gleichzeitig und folgt dem Trieb, abwechslungsreich tätig zu sein.
Er ist ein Erkenntnis- und Empfindungsmensch und besitzt eine erstklassige Darstellungsgabe, viel Impulsivität und eine unbestechliche Beobachtungsgabe mit Neigung zur kritischen Betrachtung aller Dinge. Im Verkehr mit Menschen ist er liebenswürdig, anpassungsfähig und gebildet. Sein Wesen ist jedoch ungeduldig, lebhaft und manchmal reizbar, wenn er es mit geistig schwerfälligen Menschen zu tun hat. Er spottet gerne und wird oft von einer inneren Unrast getrieben, die es ihm notwendig erscheinen läßt, immer wieder den eigenen Standort zu analysieren. Ständig prüft er, findet ein Wenn oder ein Aber. Der Zwilling ist ein Erahner kommender Strömungen in der Gesellschaft und dem Leben in jeder Form. Hingezogen fühlt er sich zu Handel und Verkehr, Wissenschaft und Schriftstellerei.

Die Zwilling-Frau

Sie ist ein wahres Doppelwesen, sehr gesprächig und meist heiter. Sie sieht sich mit Vorliebe nach geistvollen Männern um und flirtet sehr gerne. Aber sie kann auch launenhaft sein, liebt zuweilen Veränderungen und ist reiselustig. Sie läßt sich bereitwillig zu Handlungen verführen, die irgendwelchen sprunghaften Ideen entspringen.

Der Zwilling-Mann

Er schätzt mit seinen Neigungen mehr den Geist als die Schönheit. Er ist sehr gesellig und schließt lustige, ungebundene Freundschaften. Dauerbindungen liegen ihm nicht, denn er fühlt sich in ihnen beengt.

Steckbrief Krebs

22. Juni bis 22. Juli

Der Krebs hängt sehr an seiner Familie und leidet darunter, wenn es im Familienkreis einmal zu Mißstimmigkeiten kommt. Er selbst ist tolerant, gütig, hilfsbereit, leicht reizbar und gekränkt, jedoch auch rasch ausgesöhnt. Er ist sehr nach innen gekehrt und empfindsam und hat die Fähigkeit, Lebensglück und Harmonie über die ihn umgebenden Dinge auszubreiten. Bei ihm halten sich gerne Kinder und Tiere auf, und Blumen und Gärten zeigen ihm dankbar, wie Harmonie alles und jedes zum Wachsen bringen.
Ein ausgezeichnetes Gedächtnis und eine große Gewandtheit als Geschäftsmann ist auch häufig bei Krebs-Menschen zu beobachten. In der Liebe ist ein schillerndes Sexualleben möglich, doch eines ist dem Krebs-Menschen eindeutig am wichtigsten: die Familie; am liebsten eine Großfamilie, die ihm zum Lebensinhalt werden kann.

Die Krebs-Frau

Sie ist von einem tiefen Verlangen nach Mutterschaft durchdrungen. Wie von selbst zieht es sie zu allen Tätigkeiten hin, die liebevoll ihr Heim verschönen, auch dann, wenn ein Beruf sie fordert und ihr allerhand Kraft nimmt. Sie bewältigt siegreich alles, was sie freut. Wärme im Familienleben und Gemütlichkeit ist ihre Erfüllung. Mit Kindern kann sie gut umgehen, ist ihnen Freundin und kluge Lehrerin zugleich.

Der Krebs-Mann

Seine Neigungen sind ein wenig schwankend und unentschlossen. Es kann auch sein, daß er unter eingebildeten Mißerfolgen leidet. Er knüpft viele Liebesbeziehungen an, will sich aber nicht festlegen. Viel hängt davon ab, wie er von seiner Partnerin behandelt wird. Die Frau sollte ihm vor allem Zutrauen schenken bei allem, was er tut. Er hat es gern, ein wenig angetrieben zu werden, und liebt Aufmunterung für seine Interessen, die die Frau mit ihm teilen sollte.

Steckbrief Löwe

23. Juli bis 23. August

Der Löwemensch ist ein Willensmensch. Sein starkes Selbstbewußtsein drängt ihn einfach zu eigenem Handeln, ob er will oder nicht. Er versteht es, in seine Umwelt Freude, Glück und Liebe zu tragen, und betrachtet diese jedoch manchmal fast gleichgültig, eine Haltung, die man nicht selten als Hochmut auslegt. Der Löwe ruht auf einem rotsamtenen Thron, wo er sein Wesen als die Verkörperung der mächtigen Willenskraft ausstrahlt. Wehe dem, der die Tatsache seines Königreiches nicht anerkennen will! Solange man sich ihm unterordnet, wird man reich von ihm beschenkt; tut man dies jedoch nicht, neigt er zu kranker Eifersucht und verfolgt einen jeden mit Mißtrauen und Strenge.

Die Löwe-Frau

Sie ist eine Vollblutfrau, und zwar geistig, seelisch und körperlich. Sie liebt alles, was mit Luxus und Vornehmheit verbunden ist, denn es entspricht ihrem Schönheitssinn. Deshalb findet sie nicht so rasch den Partner, den sie sich vorstellt. Sie schätzt die männlichen Tugenden und wird verschiedene Bindungen anknüpfen, bevor sie den Richtigen für sich findet. Leicht ist sie nicht zu erobern, obwohl sie sehr leidenschaftlich liebt, wenn es der Mann ist, für den sie sich meist für ein ganzes Leben entscheidet.

Der Löwe-Mann

Von ihm sagt man, er verfüge über magische Kräfte gegenüber dem anderen Geschlecht. Sein Liebesgefühl ist glühend und stark. Kein Opfer ist ihm zu groß, wenn er seine wirkliche Liebe gefunden hat. Seinem Verstand schenkt er kein Gehör in Liebesangelegenheiten. Er liebt mit dem ganzen Herzen, so sehr, daß er viele Fehler der geliebten Frau am Anfang übersieht.

Steckbrief Jungfrau

24. August bis 23. September

Bei Jungfraugeborenen wird alles Reale danach beurteilt, ob es einen Vorteil bringt oder nicht. Vorsichtig wägt die Jungfrau ab, ob es einen Sinn hat, etwas zu tun, oder ob daraus ein Schaden entstehen kann. Sie ist ein praktischer Erkenntnismensch und setzt ihren kritischen Verstand überall ein. Sie liebt es, fleißig, ausdauernd und beharrlich, aber immer auch ein bißchen vorsichtig, ihre Arbeit ordentlich zu erledigen. Durch ihre Hingabe an den Beruf ist die Jungfrau für vertrauensvolle Positionen bestens geeignet.
Im Liebesleben erscheint sie ein wenig gefühlskalt, und es sieht so aus, als wären ihre Neigungen nicht besonders herzlich, dabei ist sie sehr treu und anhänglich.

Die Jungfrau-Frau

Sie hat es nicht leicht mit den Männern, die gerne Herzenswärme und Zärtlichkeit suchen. Es fällt ihr schwer, sich so zu geben, wie sie sich fühlt, und es erscheint immer so, als käme ihr Verstand an erster Stelle und erst dann das Herz. Sie versteht es ausgezeichnet, zu wirtschaften und zu rechnen, und hat einen Hang zu Sauberkeit und Hygiene.

Der Jungfrau-Mann

Es grenzt schon an ein Wunder, ihn aus der Reserve zu locken, so daß er sich als romantischer Liebhaber zeigen würde. Eine Frau, die das schafft, muß allerhand Witz, Geist und Lebenskunst besitzen. Der Jungfrau-Mann sitzt gerne zu Hause, fühlt sich wohl, indem er gewissenhaft seine Familie versorgt, und scheut zu große Veränderungen.

Steckbrief Waage

24. September – 23. Oktober

Ein waagebetonter Mensch kann mit seinen geistigen Fähigkeiten, mit der Weite seines Blickfeldes der Materie eine Form geben. Er hat die Fähigkeit, überall Gleichgewicht herzustellen, und er wird sich immer bei jeder Zusammenarbeit alles so harmonisch wie möglich wünschen. Hingezogen fühlt er sich zu Kunst im weitesten Sinne, zu Geselligkeit und Harmonie. Er ist redegewandt und hat eine scharfe Urteilskraft, besitzt diplomatische Fähigkeiten, besteht auf Takt und Höflichkeit und ist ein überaus ästhetischer Mensch. Besonders angezogen fühlt er sich dort, wo es etwas auszugleichen gilt. In seinen Neigungen zeigt er viel Ausdauer und Ehrlichkeit.

Die Waage-Frau

Liebreizend, mit viel Takt und Geschmack versteht sie es wie kaum eine andere Frau, ein reizendes Heim zu schaffen. Sie hat Sinn für alles Schöne in der Natur und in der Kunst, für gepflegtes Gesellschaftsleben und Luxus. Ihr Mann sollte wohlhabend sein. In ihren erotischen Empfindungen ist sie von ihren Stimmungen abhängig. Sie kann kühl sein, dann aber auch wieder begeistert von Liebesgenüssen. Sie braucht eine kraftvolle Natur an ihrer Seite.

Der Waage-Mann

Ein erstklassiger Gesellschafter, der ständig eingeladen wird und Aufsehen erregt durch seine liebenswürdigen Umgangsformen. Er hängt sehr an Frau, Kind und Heim, obwohl sein häuslicher Sinn wenig entwickelt ist. Seine Frau muß ihn begleiten, egal, wohin er sie führt. Innige Beziehungen spielen in seinem Leben eine große Rolle.

Steckbrief Skorpion

24. Oktober – 22. November

Der Skorpionmensch ist ein lebensbejahender Willensmensch. Wie kaum ein zweiter besitzt er großen Scharfsinn und rasche Erkenntnis. Ein weiches Gemüt ist ihm zu eigen, und er ist immer und in jeder Situation gerecht gegen die unterdrückten Lebewesen dieser Erde. Seine Mitwelt betrachtet er mißtrauisch und zurückhaltend, obgleich sein Wesen aufrichtige Sympathie bekundet, wenn er etwas oder jemanden dafür für wert hält. Als Freund ist er treu und hilfsbereit.
Seine Unternehmungen führt er meist glücklich und geduldig zu Ende, ohne viel Wesens davon zu machen. Anziehend macht ihn seine Leidenschaft, die auch zur eifersüchtigen Liebe führen kann. Unbestreitbar hat er eine starke Anziehungskraft auf Menschen.
Geschickt ist der Skorpionmensch, wenn er andere zu seinem Nutzen gebrauchen will. Er speichert Impulse, bereichert damit sein Seelenleben und läßt dann diese gesammelte geballte Energie für sich seine Wege bahnen, die ihn dorthin führt, wohin er möchte.

Die Skorpion-Frau

Es kann sein, daß sie einen ehelichen Dauerkrieg anzettelt, wenn sie mit dem falschen Mann zusammenleben muß. Dabei ist sie klug in Handel und Geschäft, kann dem Mann eine gute Kameradin sein. In erotischer Hinsicht ist sie nicht alltäglich und sehr temperamentvoll, so daß die eheliche Liebe oft länger hält als bei anderen.

Der Skorpion-Mann

Es ist am besten, den eifersüchtigen Skorpion nicht zu reizen, er könnte sonst heftig darauf reagieren. Er will Gehorsam und duldet keinen Widerspruch. Er will viel Erotik, viel sexuelle Abenteuer und kommt kaum ohne Seitensprünge aus, wenn er verheiratet ist.

Steckbrief Schütze

23. November – 21. Dezember

Der Schütze muß ein Leben lang dem Verlangen nach der wahren Erkenntnis folgen. Seine persönliche Entwicklung und sein Handeln sind auf viele Ziele gerichtet. Er möchte mehr sehen als andere, er möchte mehr erleben als andere, er wird ununterbrochen weitergetrieben, als müßte er die höchste Bergspitze erreichen, von der aus er alles besser überblicken kann.

Unter den Schütze-Geborenen findet man die besten Lebenskameraden. Ein Schütze wird niemals daran zweifeln, daß er sich darum bemühen soll, andere zu belehren, um ihnen Neues und noch nicht Erkanntes näherzubringen. Seine Lebensäußerungen sind spontan, verwirrend, sein Handeln ist von bezwingender Stärke. Sie fallen immer auf, und wenn man sie genau betrachtet, fühlt man, daß es so sein muß, denn der Wille, das bewußte Wollen, ist nicht allen gegeben.

Die Schütze-Frau

Sie ist immer verläßlich in der Liebe, selbstlos, offen, sehr tapfer im Lebenskampf. Sie ist aber auch eigensinnig, leidenschaftlich und erscheint manchmal trotzig. Im Grunde ihres Wesens ist sie sehr gütig und opferbereit. Sie muß zu ihrem Lebensgefährten aufsehen können, möchte ihn bewundern und stolz auf ihn sein. Und sie ist äußerst anschmiegsam und liebesbedürftig.

Der Schütze-Mann

Unbändig in der Leidenschaft, mit starkem eigenen Willen unabhängigkeits- und freiheitsliebend, ist er leider nicht immer treu. Impulsiv ist er in der Eroberung von Frauen. Eifersüchtigen Frauen weicht er aus, denn sein Heim ist ihm ein notwendiger Ruhepunkt. Durch seine Zähigkeit und Ausdauer erringt er im Leben große Erfolge.

Steckbrief Steinbock

22. Dezember – 20. Januar

Der Steinbock verfügt über die astralen Kräfte der Himmelskörper. Ihm ist es gegeben, das Reale, das Gewordene zu erfassen. Bei ihm ist immer ein klarer Blick für das Wirkliche vorhanden, der nicht durch Gefühlsschwankungen getrübt oder durch fruchtlose Überlegungen gestört wird. Er ist ein praktischer Willens- und Wirtschaftsmensch. Wie kaum ein anderer ist er ein rastloser, mühsamer Arbeiter. Dabei ist er gutmütig, seine Zärtlichkeit ruht mehr im Inneren als im Äußeren. Oberflächlichen Vergnügungen und äußerem Luxus bringt er wenig Interesse entgegen. Der Steinbock will unabhängig sein, weil er sich stark genug fühlt, alles selbst zu machen; er läßt sich ungern einen fremden Willen aufdrängen.

Die Steinbock-Frau

Sie ist hingebend und verläßlich. Treue hält sie nicht unbedingt für unerläßlich. Ihre Seele schwelgt gerne in melancholischer Traurigkeit. Ihr Wesen sehnt sich nach einem Lebensgefährten, der über Liebenswürdigkeit, Anpassungsfähigkeit und gute Umgangsformen verfügt. Erotisch ist sie hin und her geworfen. Kühle Tage wechseln mit leidenschaftlichen Augenblicken ab.

Der Steinbock-Mann

Er ist vorsichtig wie ein alter Fuchs. Noch schwerer erkennbar ist seine undurchsichtige Natur. Man weiß nicht, ob er mehr Gewicht auf berufliche Erfolge oder auf Fraueneroberungen legt, ob er mehr seelische Zuneigung liebt als äußere Zärtlichkeit. Hat eine Frau einmal sein Herz gewonnen, dann bleibt er wirklich treu.

Steckbrief Wassermann

21. Januar – 19. Februar

Der Wassermann ist schlagfertig und gewandt und in seinen Unternehmungen immer und jederzeit Veränderungen zugeneigt. In Herzensangelegenheiten ist er unvorstellbar wandelbar und selten treu. Alles, was das praktische Leben verlangt, ist dem Wassermann fast gleichgültig. Er lebt gerne nach seiner eigenen Weltanschauung. Sehr im Gegensatz zu seiner Umwelt, lebt er oft in einem Land, das es gar nicht gibt. Man weiß es nicht zu sagen, ist er ein Phantast, ein Utopist oder ein Zukunftsmensch. Es gibt kein besseres Beispiel für einen Wassermann als den französischen Schriftsteller Jules Verne, dessen Visionen alle Wirklichkeit wurden.

Die Wassermann-Frau

Nichts reizt sie so sehr wie das Noch-Nicht-Erlebte, das Unbekannte und das, was sie sich auf raffinierte Weise erobern kann. Sie ersehnt sich bei der Liebeswerbung neue Ideen, Geist und Geschicklichkeit. Mit normalen Liebesbeteuerungen kann man bei ihr nichts ausrichten. Ihr ganzes Wesen ist auf das Außergewöhnliche eingestellt. Ihr angeborenes Mißtrauen muß vom Mann zuerst überwunden werden, um ihr wirklich nahe zu kommen.

Der Wassermann-Mann

Wählerisch wie kein anderer, ist es schwer für jede Frau, ihn zufriedenzustellen. Auf die Dauer verehrt er die Frau seiner Liebe doch mehr als die Freundin, die Kameradin, und sucht in ihr den geistreichen Gesprächspartner. Als guter Menschenkenner lächelt er über Flirt und Koketterie, durchschaut das gewollte Spiel der Frauen und ist kaum zu einer Ehe zu verführen. Mit Einfühlungsvermögen kann man bei ihm jedoch alles erreichen, was durch Erzwingenwollen ausgeschlossen ist.

Steckbrief Fisch

20. Februar – 20. März

Der Fisch hält mit seiner Gefühlssphäre, die er in die Umwelt hinausstrahlt, die Welt in Bann. Alles, was von seelischen Schwingungen auf ihn zuströmt, wird aufgenommen, ob er will oder nicht. So wird er von Stimmungen, Gefühlen und psychischen Regungen in seinen Handlungen bestimmt. Seine Seele ergießt sich in die Unendlichkeit. Der Fisch vermag alles Leid dieser Erde auszukosten, kann mitleiden und ist immer derjenige, der alles versteht und dessen Gefühle mitschwingen. Für den harten Lebenskampf sind diese Menschen fast zu gefühlsbetont, und Glück und Erfolg fällt ihnen oft unerwartet wie ein Geschenk zu. Liebenswürdig an ihm ist es, daß er bei starken Menschen das Gefühl von Hilfsbedürftigkeit erweckt.

Die Fische-Frau

Sie macht den Eindruck, daß sie schwer zu erobern, schwer erotisch zu wecken sei. Mit ihrer Ängstlichkeit und ihrem Mißtrauen fordert sie den Mann geradezu heraus, sich ihrer anzunehmen. Ihr größter Wunsch ist es, im Partner einen vertrauenswürdigen Kameraden zu finden. Sie kann aber auch seltsam launenhaft und undurchschaubar sein.

Der Fische-Mann

Er verliebt sich selten, aber wenn, dann richtig. Er ist in seiner Seele zu tiefgehender wahrer Liebe fähig und voller Güte. Wie wenige Männer schätzt er den inneren Wert der Frau, spricht an auf die seelischen Schwingungen. Die Reichtümer dieser Erde sieht er nicht im Materiellen, sondern im Geistigen.

Die Macht der Polarität

Der zweite Pfad
zum kosmischen Wohlbefinden

*Auch das Tierkreiszeichen, das dem Ihren gegenüberliegt,
beeinflußt Ihr ganzes Leben.
Ebenfalls greift auch das Tierkreiszeichen Ihrer Eltern
wie deren polares Zeichen in Ihr Leben ein.
Deshalb sollten Sie nicht nur Ihr eigenes,
sondern auch die Ihrer engsten Familienmitglieder ansehen,
um sich selbst besser zu verstehen.
Diese polaren Zeichen sind jedoch nicht gleichzusetzen
mit den Aszendenten.*

Die Polarität der Tierkreiszeichen: Jeder Mensch wird nicht nur von seinem eigenen, sondern auch von seinem gegenüberliegenden Tierkreiszeichen beeinflußt.

Die Polarität der Tierkreiszeichen

In rund 365 Tagen läuft die Erde einmal um die Sonne. An einem ganz bestimmten Tag zu einer ganz bestimmten Zeit an einem ganz bestimmten Ort auf unserer Erde werden Sie geboren. Jeder wird unter seinem Tierkreiszeichen geboren. Und diesem gegenüber liegt das gegensätzliche Tierkreiszeichen, das das ganze Leben ununterbrochen mitbeeinflußt, solange man lebt. Dieser Einfluß wird meist unterschätzt oder gar nicht wahrgenommen. Und doch bestimmt er genauso den Charakter des Menschen.

Der Einfluß des polaren Tierkreiszeichens wird meist unterschätzt

Diese Polarität und das Zusammenspiel der beiden gegenüberstehenden Zeichen läßt viele Eigenschaften und Leidenschaften leichter erklären, denn einmal herrscht das eine und dann das gegenüber wirkende Zeichen und macht den Menschen zu dem geheimnisvollen Wesen, das er eben ist.

Wassermann – Löwe

Ein *Wassermann*, der die Fähigkeit besitzt, eine kaum vorstellbare Fülle von Ideen an andere Menschen zu übermitteln, kann durch sein gegenüberliegendes Tierkreiszeichen, den *Löwen*, auch unübersehbare Freude am Herrschen spüren und diese andere auch fühlen lassen.

Schütze – Zwilling

Der optimistische *Schütze*, der seinen klaren Verstand gebraucht, kann so auch von seinem gegenüberliegenden Zeichen, dem *Zwilling*, die Eigenschaft haben, in Diskussionen zu ein und demselben Thema zwei völlig gegensätzliche Meinungen zu vertreten.

Widder – Waage

Der leidenschaftliche *Widder*, der als geborener Kämpfer glaubt, alle Hindernisse überwinden zu müssen, wird vom vornehmen persönlichen Wesen seines gegenüberliegenden Zeichens, der *Waage*, durch deren Redegewandtheit und scharfer Urteilskraft in ruhigere Bahnen gelenkt.

Krebs – Steinbock

Der *Krebs* kann jede Stimmung, die er spürt, sofort zurückstrahlen und so Freude oder Unwillen auf andere übertragen. Und sein polares Zeichen, der *Steinbock,* schenkt ihm die Freude am Einfachen, am Nüchternen und die Gabe unendlicher Geduld.

Skorpion – Stier

Der *Skorpion,* einst als Adler mit einer Schlange in den Fängen dargestellt, bewegt sich gleichermaßen in den höchsten Regionen des Adlers wie in denen der Erde, auf der die Schlange kriecht. Leidenschaft ist seine Triebfeder. Jedoch der *Stier,* sein gegenüberliegendes Zeichen, herrscht nicht über die Dynamik der Bewegung, sondern steht für die Ruhe als Grundprinzip aller Lebensäußerungen.

Jungfrau – Fische

Bringt dies oder jenes mir Vorteil oder nicht, fragt sich gerne die *Jungfrau.* Doch ihr ergänzendes Tierkreiszeichen, der *Fisch,* macht die Jungfrau auch zum Spielball von Stimmungen, Gefühlen und anderen geistigen Regungen, die von außen her in die Seele dringen. Und so ergänzt sich der seelische Reichtum und die Phantasie des Fisches mit dem Verstandesdenken der Jungfrau.

Auch die Tierkreiszeichen der Eltern beeinflussen den Charakter des einzelnen

Wunderbarerweise besitzt jeder Mensch eine Mischung dieser Kräfte. Den reinen Menschen mit einer einzigen Strahlung gibt es nicht. Bedenkt man zusätzlich, daß auch noch die Eigenschaften der polaren Tierkreiszeichen der Eltern einen Einfluß auf den Charakter des einzelnen haben können, so wird immer mehr erkennbar, daß wir aus ergänzenden und ineinanderfließenden Strahlungen von Sternbildern, Planetenkräften zu wundersamen Wesen geformt werden. Ein Kind sieht deshalb nicht nur seinen Eltern ähnlich, sondern man kann auch sagen: »Wie aus den gleichen Gefühlen geformt«.

So kann man nicht nur sein »Sternbild« in sich tragen und sich mit seinen Eigenschaften identifizieren, die nur diesem Tierkreiszeichen zugeschrieben werden, sondern man ist bei seiner Geburt mit weit größeren Talenten und Begabungen, Gefühlen und Instinkten beschenkt worden.

Der Einfluß der Elemente

Neben der Polarität der Tierkreiszeichen spielt noch ein weiterer Faktor für den Charakter eines Menschen eine entscheidende Rolle: die Elemente. Jedem Tierkreiszeichen wird ein Element zugeordnet. Schon die alten Griechen wußten von diesen einfachsten Bestandteilchen, durch deren Zusammenfügen oder Trennen Werden und Vergehen der Körperwelt beeinflußt wird. Den vier Elementen Feuer, Erde, Wasser, Luft wurde oft noch ein weiteres hinzugefügt: der Himmelbaustoff Äther, der jedoch hier nicht von Bedeutung ist.

Jedem Tierkreiszeichen wird ein Element zugeordnet.

Jedem Element sind nun auch wieder ganz bestimmte Eigenschaften zu eigen. Und auch hier muß wieder die Polarität mitgedacht werden.

Feuer:	»Potential des Willens«,	begeistert
Erde:	»Macht der Materie«,	praktisch
Wasser:	»Kraft der Seele«,	intuitiv
Luft:	»Sphäre des Geistes«,	intellektuell

Uns ist heute bewußt, daß unser Leben, unsere Gesundheit, unser gesamtes Wohlbefinden vom geordneten Zusammenspiel dieser vier Elemente im Lebensraum abhängig ist.

Willensäußerung durchdringt die drei Feuerzeichen *Widder, Löwe, Schütze.* Der *Widder* als Kämpfer will seiner Umwelt seinen Willen aufzwingen.
Der *Löwe* geruht beeinflussenden Willen auszustrahlen.
Der *Schütze* ordnet seinen Willen freiwillig höheren Prinzipien unter, damit er alles noch besser überblickt.

Feuer Potential des Willens – begeistert

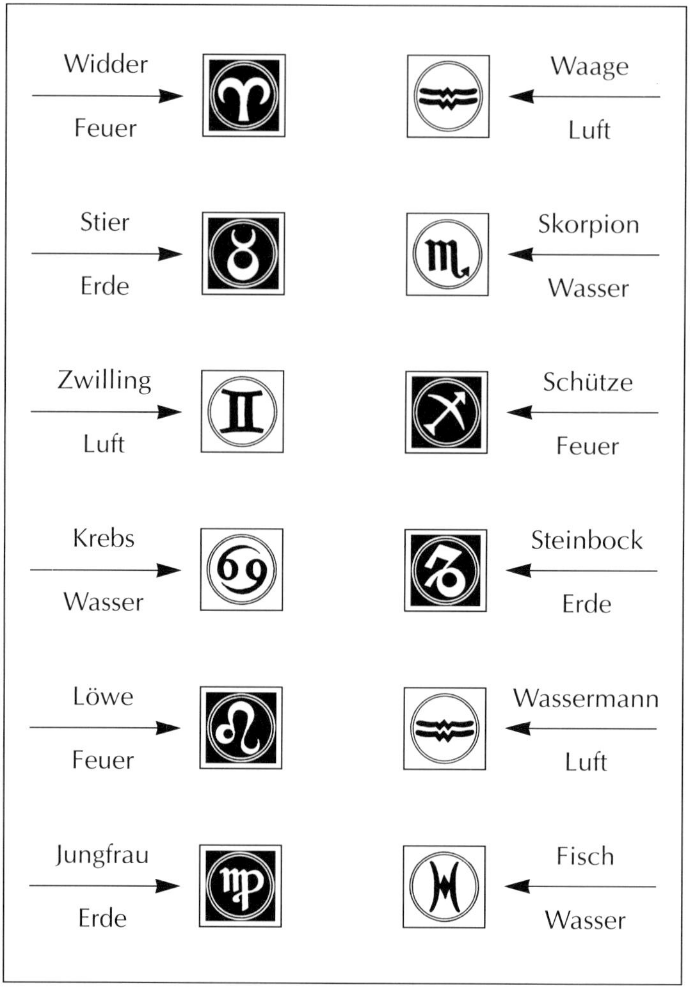

Jedem Tierkreiszeichen wird eines der vier Elemente zugeordnet, wobei auch hier das Element des polaren Zeichens den Menschen beeinflußt.

Erde
Macht der Materie
– praktisch

Reales, Gewordenes, wird von den drei Erdzeichen *Steinbock, Stier, Jungfrau* repräsentiert.
Der *Steinbock* überwindet materielle Hindernisse mit Zähigkeit.
Der *Stier* möchte Materielles besitzen, durchdringen und mit jeder Anstrengung erwerben.
Die *Jungfrau* arbeitet aktiv, um jede an sie gestellte materielle Aufgabe zu meistern.

Wasser
Kraft der Seele
– intuitiv

Die Wasserzeichen *Krebs, Skorpion, Fische* lassen sich nicht messen oder irgendwelchen Gesetzen unterordnen. Sie finden den Reichtum des Lebens in einer großen Erlebnisfülle, Glücksgefühl himmelhochjauchzend, Schmerz abgrundtief.
Der *Krebs* findet jene, die mutlos schwach und hilfsbedürftig sind, und hilft ihnen.
Der *Skorpion* zieht Menschen in seinen Bannkreis, da seine Kräfte die Umwelt förmlich durchdringen.
Der *Fisch* nimmt Stimmungen, Gefühle und jede geistige Regung auf. Seine Seele kann mit unerhörter Sensibilität aufopfernd pflegen, trösten und seine Gefühle mit den anderen mitschwingen lassen.

Luft
Sphäre des Geistes
– intellektuell

Die durch Luft inspirierten Zeichen *Waage, Wassermann, Zwilling* erkennen durch ihre eigene Betrachtung die Formen und Ideen hinter der Materie.
Die *Waage* ist für Luftschwingungen so empfänglich, daß sie die kommenden Formen erlebt, bevor sie geformt sind.
Der *Wassermann* sammelt die geistigen Überlegungen und Systeme, baut sie aus und schafft mit ihnen Unerwartetes, Überraschendes.
Der *Zwilling* erfaßt die geistigen Sphären und versteht es, in ihnen entsprechend zu leben.

Jene Kräfte, die sich hinter den Tierkreiszeichen verbergen, bestimmen jeden Menschen, der geboren wird. Beethoven,

Alle Energie fließt, ist ein Teil eines kosmischen Ganzen

Mozart, Da Vinci, van Gogh, Goethe, Schiller und unzählige andere, die die Macht der Materie und der Elemente erforschten und für uns nutzbar machten, wurden von den Schwingungen jener Energie bewegt, jenes zu tun, was für unsere geistige Weiterentwicklung vorgesehen war. Alle Energie fließt, ist Teil eines kosmischen Ganzen. Ist das Leben deshalb ein Traum, den wir träumen? Und der Tod das wirkliche Leben, das wir leben? Oder ist es umgekehrt? Eines ist sicher: Die Himmelskörper sind Ursache allen Geschehens auf unserem Planet Erde.

Der Körper als Spiegelbild der Sterne

Der dritte Pfad
zum kosmischen Wohlbefinden

Erfühlen Sie mit Ihrem Herzen
Ihre vom Kosmos bestimmten sensiblen Körperzonen,
um mit den in Ihnen angelegten Möglichkeiten
Schönheit, Jugendlichkeit und Erfolg zu erreichen.

Körper und Sterne

Der Kosmos beeinflußt unseren Körper

Seit sich Menschen mit den Geheimnissen des Kosmos beschäftigen, konnten auch Zusammenhänge mit einzelnen Körperzonen festgestellt werden. Der Kosmos beeinflußt unseren Körper. Seine Energie findet ihr Spiegelbild in uns. Jedes Tierkreiszeichen und jeder Planet gibt uns Aufschlüsse über unsere Stärken und Schwächen. Denn alles ist eine Ganzheit fließender Energie.

Der Mensch sollte endlich auf seine Körperuhr hören lernen, indem er still wird und ein wenig in sich hineinhorcht. Denn laut teilt sich der Körper erst durch Störungen mit.

Seit undenklichen Zeiten wurde größtes Augenmerk auf die Vorsorge eines gut funktionierenden Körpers gelegt. Es wurden Körperstellungen, Atemtechniken, Meditationstechniken auf einzelne Nervengeflechte zielgerecht für jedes einzelne Tierkreiszeichen empfohlen und in Schriften und Gesundheitstafeln verewigt. Man ging also davon aus, daß jedes Tierkreiszeichen eine bestimmte Körperzone beeinflußt.

Und die den einzelnen Tierkreiszeichen zugeordneten Körperzonen bergen in der Tat weit größere Geheimnisse, als wir dies nur erahnen können. Talente schlummern in diesen Regionen, die von kosmischer Energie durchpulst werden. Organe können zu Höchstleistungen gebracht werden mit der Kraft der Gedanken.

Sehnen Sie sich nach Gott, suchen Sie ihn in den Menschen

Sinneswahrnehmungen warten darauf, einen kleinen Teil ihrer Geheimnisse offenkundig werden zu lassen, wenn der Mensch nur in sich hineinfühlen würde, um die Stimmen seines göttlichen Körpers zu hören, die von der summenden Energie des Universums erzählen und die heiligen Töne des

unsterblichen Geistes im Körper schwingen lassen. Nur im Zustand absoluter innerer Ruhe kann man diese glückbringenden Töne und ihre Schwingungen vernehmen.
Jeder Mann dieser Erde kann die Schwingungen zur einzig richtigen Frau in seinem Leben wahrnehmen, um aus gemeinsamem Liebesglück alle Herrlichkeit des Menschenlebens zu erfahren. Jede Frau auf unserem Planeten sollte die Ausstrahlung des Mannes erkennen, der in diesem Leben ihr einziger Gefährte sein kann, dem sie folgt und mit dem ihre Weiblichkeit zu einer kosmischen Einheit verschmilzt.

Es gibt keine Fesseln mehr, wenn Freiheit und höchste Liebe vereinigt werden

Es ist an uns, die gegensätzlichen Ausstrahlungen, die ein Menschenleben lang aufeinander zustreben, zu erkennen. Es ist an uns, die Kraft zu nutzen, die unsere Körper lenkt. Jene Kraft, die durch unsere Atemwege, durch unsere Gefäßstraßen in jene geheimnisvolle Körperzonen strömt, die den Menschen mit dem Ursprung alles Lebens verbindet und mit dem Stoff belebt, der uns allein zu vollkommenen Kindern der Schöpfung formt.
Ein kleiner Ausschnitt dieser Vielfalt ist der Einfluß der Tierkreiszeichen auf die einzelnen Körperzonen. Ein Einblick in die Zusammenhänge bringt uns ein Stück weiter im Verständnis des Ganzen, und wir können uns selbst entdecken und Neues erfahren.
Der *Widder* wird seinen *Kopf* gebrauchen. Er verfügt über unbegrenzten Energievorrat.
Ihm gegenüber steht die *Waage*, die gerne gibt und auch erwartet, etwas dafür zu bekommen, wenn sie mit schwingenden *Hüften* durchs Leben schreitet.
Der *Stier* wird eigensinnig nicht seinen *Nacken* beugen und sein *Hals*, auf dem ein kluger Kopf ruht, fällt nie schwach zur Seite, wenn es um sorgfältig geplante Richtlinien geht.
Ihm gegenüber herrscht der *Skorpion* über die *Geschlechtsorgane*, und seine Einfühlungsgabe sucht die Liebesgeheimnisse im Körper und in Geist und Seele.

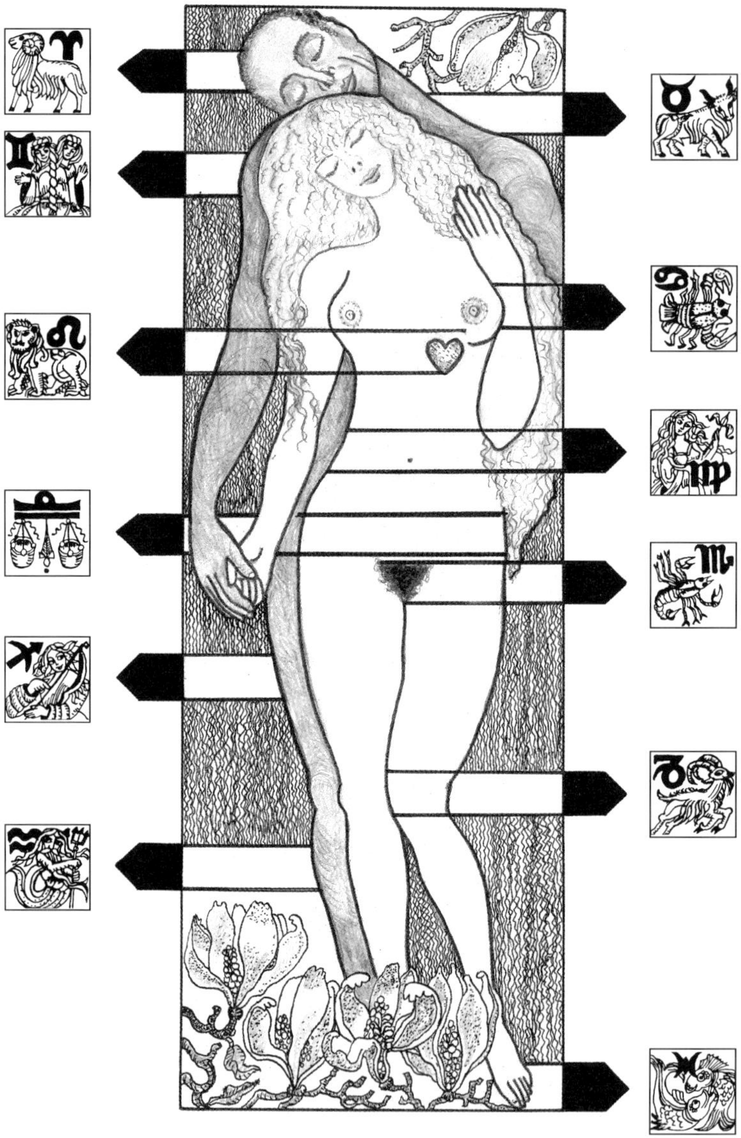

Der Einfluß der Tierkreiszeichen auf die einzelnen Körperzonen

	Widder Kopf	Dominierender Verstand
	Stier Hals – Nacken	Belastbare Widerstandskraft
	Zwilling Schultern – Arme	Helfende Kraft
	Krebs Brust – Lunge	Seelisches Verständnis
	Löwe Herz – Rücken	Mutige Belastbarkeit
	Jungfrau Verdauungsorgane	Gefühlsbetonter Gerechtigkeitssinn
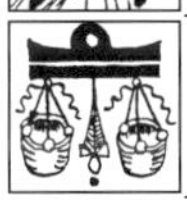	Waage Hüfte – Nieren	Diplomatische Fähigkeiten
	Skorpion Geschlechtsteile	Stürmische Sinnlichkeit
	Schütze Oberschenkel	Leitende Hilfsbereitschaft
	Steinbock Knie – Beine	Standfeste Naturverbundenheit
	Wassermann Unterschenkel	Gefühlsbetonte Menschlichkeit
	Fische Füße	Träumerische Lebensweisheit

Gift soll Ihnen sein, was Sie geistig oder körperlich schwächt

Der *Zwilling* trägt auf seinen starken *Schultern* die ungelösten Geheimnisse der Welt und versucht, sie verstandesmäßig zu lösen. Der *Schütze*, der ihn ergänzt, schreitet federnd und optimistisch auf kräftigen *Oberschenkeln* in das Vergnügen, alles zu erforschen, was schwierig und noch ungelöst ist.

Der *Krebs* hat in seiner *Brust* Platz für Menschen und ihre Sorgen. Nie vergißt er, was er einmal erlebt hat.

Der *Steinbock* läßt sich durch nichts in die *Knie* zwingen. Er wird alles zurückweisen, was nicht seinen Maßstäben entspricht. So ergänzt er den Krebs.

Der *Löwe* erfaßt mit seinem mutigen *Herz* instinktiv das Wesentliche eines Plans. Großartige Ideen entspringen seinem Herzensbereich.

Sein polares Zeichen, der *Wassermann*, steht fest auf seinen *Waden*. Nichts lockt ihn vorwärts, nichts hält ihn zurück, wenn sein Denken ihn scharf und zwingend in eine Richtung weist.

Die *Jungfrau* wird, ohne sich den *Magen* zu verderben, jedes Problem zerlegen und analysieren. Logisches Denken und Scharfsinn regen das Feuer im Verdauungstrakt an.

Der gegenüberliegende *Fisch* tänzelt mit leichten *Füßen* durch die Wolken. Seine Ratschläge sind gut gemeint. Manche glauben ihm nicht, nur für einen so leichtfüßigen Mensch ist einfach alles im Leben möglich.

Sei es eine Charaktereigenschaft, sei es aus Vorsorge für ein langes gesundes Leben – über vieles läßt sich nachdenken, wenn man die Körperzonen betrachtet und zu erahnen versucht, warum gerade eine ganz bestimmte Körperzone mit ihren Organen zu einem ganz bestimmten Tierkreiszeichen gehört.

Der Körper als Spiegelbild der Planeten

Der vierte Pfad
zum kosmischen Wohlbefinden

*Werden Sie aufmerksam auf die Zusammenhänge,
die die Planeten mit einem ganz bestimmten
Organbereich Ihres Körpers verbinden.*

Der Einfluß der Planeten

Durch unseren Körper fließt ein Strom, der jedes Organ erreicht, jede Zelle berührt, mehr als 90 000 Kilometer zurücklegt, genug, um unsere Mutter Erde zweimal zu umrunden: das Blut. Ob wir lachen oder weinen, uns betätigen oder schlafen, Glück empfinden oder Trauer, der mächtige rote Strom fließt immer, bringt Sauerstoff in jede Zelle, transportiert Abfälle und steuert das ganze Innenleben.

Planeten beeinflussen einzelne Körperdrüsen

Unzählige Körperdrüsen geben ihre Hormone ins Blut ab. Hormone sind Informationsüberträger zwischen den verschiedenen Zellarten des Organismus. Hormao heißt »treibe an«. Hormone treiben tausend und mehr Körperfunktionen voran und bestimmen so das Wohlbefinden des einzelnen.

Die größte und noch unerforschte Kraft in diesem Zusammenhang ist die Harmonie zwischen Körper, Geist und Seele. Jeder sehnt sich nach Erfüllung natürlicher Wünsche und Sehnsüchte. Seine Lebensgewohnheiten sollten ihm den Weg dazu weisen. Die beste Kraft, die als Antrieb dient, ist die der Sippe, die vom stärksten Band zusammengehalten wird, von der Weisheit und Treue der Frau. Um die verläßliche Kraft der Sippe nützen zu können, ist es notwendig, daß Mann und Frau ihren Platz einnehmen, das entspricht den großen und unumstößlichen Gesetzen der Natur. Ist die Sippe in Ordnung, so kommen die ganzen menschlichen Gesellschaftsbeziehungen der Menschheit in Ordnung und geben auch dem Gefühl der Liebe seine wahre Bedeutung. Liebe ist zuallererst Anständigkeit.

Heute werden diese elementaren Naturgesetze sehr locker gehandhabt, und der Preis für die Nichtachtung ist hoch. Disharmonie stört das Gleichgewicht, das von der Natur für unser Wohlbefinden vorgesehen ist. Doch überall in der Natur ist eines vom anderen abhängig. Und so kommt es auch zum Zusammenbruch vieler Körperfunktionen, die abhängig sind von einem sorgfältig angelegten Zusammenspiel, zu dem auch die Ausschüttung von Hormonen, das Gleichgewicht von Ernährungsmineralien und Vitaminen, aber auch die gesellschaftlichen Verhältnisse usw. gehören. Allein das Gefühl des Verlassenseins und Alleingelassenwerdens erzeugt im menschlichen Körper durch Gedankenbilder Hormone, die das Abwehrsystem schwächen können. Ein verliebter Mensch, der sich wiedergeliebt weiß, erzeugt sogenannte Glückshormone, die ihn nicht nur zu überdurchschnittlichen Leistungen befähigen, sondern das Abwehrsystem stärken und den Körper verjüngen wie eine geheimnisvolle Kraft, die aus den Sternen zu kommen scheint, die im unerforschten Universum Kräfte ausstrahlen und auf jeden einwirken.

Glauben Sie an Ihr Glück, und es wird Ihnen jemand Ihr Glück bringen

Wir haben vorne gesehen, daß jedem Tierkreiszeichen eine Zone in unserem Körper zugeordnet werden konnte.

Jedes Tierkreiszeichen ist wiederum mit einem bestimmten Planeten verbunden, und durch jedes Tierkreiszeichen gibt es deshalb eine Planetenbestrahlung, die voll und ganz in reinster Form zur Wirkung kommt. Die Zuordnung beruht auf dem Erfahrungswissen unzähliger Astrologengenerationen.

Die einzelnen Himmelskörper wirken also ständig mit ihrer Strahlung auf unser irdisches Leben ein, sind mitbestimmend für Zusammenhänge, die zu Seelenfrieden und Wohlbefinden führen.

Schauen wir uns deshalb diese Himmelskörper einmal etwas genauer an.

Steckbrief Sonne

Sonntag

Löwe

Die Himmelskörper behüten und beherrschen die zwölf Tierkreiszeichen, die sie durchqueren. Die Sonne als Quelle allen Lebens ist ein männliches Gestirn, das seine mächtigen Schwingungen am stärksten in dem Teil des Himmels entfaltet, der vom Sternzeichen *Löwe* eingenommen wird. Sonnenkraft schenkt die Kraft des göttlichen Selbst. Wie die Sonne das lebensspendende Licht im Sonnensystem ist und ihre Schwingungen in alle Richtungen aussendet, so wirkt ihre Kraft auch als geistiges Licht, als Symbol absoluter Wahrheit, als Symbol für Selbstbewußtsein, Selbstvertrauen, Selbstsicherheit, wahres Herrschenkönnen, Freiheitsliebe und *strahlende Gesundheit.*

Gold ist das Metall der Sonne. Gold schenkt Heiterkeit und Macht.

Rubin ist der Stein der Sonne. Aus ihm scheint die Sehnsucht zu rufen, die jene verspüren, die etwas werden wollen und die sich dabei am Gefunkel des Erfolges wärmen können.

Sonnenblumen sind die Blumen der Sonne. Sie bergen das Geheimnis, daß Menschen die Sonnenenergie durch ihre Adern pulsieren fühlen, immer nur einen Partner finden wollen, den sie lieben wollen und zu dem sie aufsehen können. Solche Menschen schätzen Treue höher ein als vieles andere. Nicht umsonst heißt es: »Treu wie Gold.«

Sonntags wirkt Sonnenkraft auf viele Menschen wie elektrische Wellen. Nichts scheint an diesem Tag schwierig. Man fühlt sich als Chef und als König. Ganz einfach deshalb, weil die goldene Farbe der Sonnenkraft belebend und abenteuerlustig durch die Adern von Menschen fließt. Sonnenkraft weckt Sehnsucht nach Sonnenländern und Sonnenstränden. Vielleicht ist deshalb der Baum der Sonne der *Orangenbaum.*

Steckbrief Mond

Montag

Der Mond trägt die Kraft der Natur in sich, die dem Geist die Möglichkeit gibt, sich in der Materie zu verkörpern. Luna, die Himmelsgöttin, ergänzt das männliche Prinzip durch die weiblichen Eigenschaften wie Zugänglichkeit und Empfindsamkeit. Luna schüttet ihre Kräfte wie aus einem Füllhorn über dem Tierkreiszeichen *Krebs* aus. Mondkraft ist mit allen *Krebs* Dingen des Gefühls verbunden. Luna ist die Herrin alles Fließenden, der Gezeiten wie aller menschlichen Gefühle. Mondkraft spiegelt die Schöpfungskraft wider, indem sie als sehbare und erfaßbare Welt Milliarden von Lebewesen gebiert, und so gibt die Mondkraft in ihrer Offenbarung als Mutterschaft und schöpferische Zeugungskraft des Männlichen das Leben selbst und das Wachstum des Lebenden.

Silber ist das Metall des Mondes, und sein metallischer Schein läßt Schwingungen des Familiensinns über uns alle fließen.

Die *Perle* ist Widerspiegelung der Schönheit des Mondes. Aus schimmerndem Perlmutt entspringt wohl das Sich-zurückziehen von Menschen, die der Mond bestrahlt. Sie sind sanft, liebenswürdig und verletzlich und umgeben sich zum Schutz mit einem undurchschaubaren Perlmuttschein.

Wilde Blumen aus aller Herren Länder sind die Blumen des Mondes. Ihre unscheinbare natürliche Pracht oder ihr unübersehbarer Farbenreichtum verleiht die Mondkraft, um andere zu beschützen und Verantwortung für schutzlose Lebewesen zu übernehmen.

Mondkraft macht sanftmütig und freundlich, läßt den Geist einen Brief diktieren, einen Anruf, einen Besuch, ein Gedicht entstehen. Saftige Bäume wie die *Birke* und der *Gummibaum* sind die Bäume des Mondes.

Steckbrief Mars

Dienstag

Schöpferische Zeugungskraft kommt vom Mars und will das Ewigweibliche gegen seinen von der Natur gegebenen Widerstand im Kampf erobern. Die schöpferische Marskraft steht im Dienst des Arterhaltungstriebes. Sie verkörpert Willenskraft, Impulsivität, Mut, Waghalsigkeit und, um Entschlüsse durchzusetzen, List oder Kampf. Der Mars durchdringt die Tierkreiszeichen *Skorpion* und *Widder* mit seiner kampfesfreudigen Energie.

Skorpion und Widder

Eisen ist das Metall des Mars'. Es schenkt unbeugsame Kraft für außergewöhnliche Leistungen von Körper und Verstand.

Der *Diamant* ist der Stein des Himmelskörpers Mars. In ihm glüht vom Rot geschmolzenes Eisen bis zum Funkeln aller Regenbogenfarben das Unbekannt-Faszinierende und zuletzt Geheimnisvolle, das Menschen ausstrahlen, die von Marskraft stark durchpulst sind.

Die *Distel* ist die Blume, die dem Mars entspricht. Stachelig, schwer zugänglich, mit der Neigung zur Heimlichkeit, die mit Mühe entschlüsselt werden soll. Vom Mars beeinflußte Menschen sind nur scheinbar bereit zu Gehorsam. Zu gegebener Zeit bricht ein solch schwer durchschaubarer Mensch aus und fängt, für niemanden erklärbar, etwas völlig Neues mit seinem Leben an.

Dornenbäume gehören zum roten Himmelskörper Mars. Dornige und stachelige Herausforderungen reizen einen marsbestrahlten Menschen ungemein, er zeigt gerne und gekonnt, wie er sie bewältigt. Verläßlich und mit kaum übertroffener Geschicklichkeit wird der marsdurchstrahlte Mensch auf den gefährlichsten und abenteuerlichsten Reisen kaum Angst empfinden, das Richtige tun und Dinge erleben, die einmalig und für ihn prägend in sein Leben eingreifen.

Steckbrief Merkur

Mittwoch

Zwilling und Jungfrau

Merkurkräfte bauen die Brücke, stellen die Verbindung her zwischen dem göttlichen und dem persönlichen Selbst, verbinden Geist und Körper. Der an den Füßen geflügelte Merkur sendet friedvolle Schwingungen zur Erde, läßt Verstand und Gefühl miteinander harmonieren. Die Reiche des Merkur bestrahlen den *Zwilling* und die *Jungfrau.*
Merkurkraft schenkt Anpassungsfähigkeit, Witz, Spontaneität, Bescheidenheit, schenkt die Begabung, liebenswürdiger und amüsanter Unterhalter sein zu können.

Quecksilber ist das Metall von Merkur. Quecksilbrig lebendig und bis ins hohe Alter jugendlich wirkend, bewegen sich Menschen, die von Merkurkraft durchdrungen sind. Journalistik, Radio, Fernsehen, Lehrer, Schriftsteller, Reisefachmann, das sind Berufsgebiete, wo sich merkurbeeinflußte Menschen wohl fühlen und bestätigt wissen.

Der *Achat* ist der Stein des Merkur. Merkurschwingungen wecken wie kein anderer Himmelskörper die Freude an Hygiene und zu allen Dingen, die Gesundheit betreffen. Gerne geht der Merkur durch merkurdurchdrungene Menschen Doppelbeziehungen ein. Er möchte die Sinnlichkeit des Körpers und die Begeisterung des Geistes genießen.

Dem Merkur gibt man als Blume den *Lavendel.* Er verbreitet den Duft von Sauberkeit, Ordentlichkeit, Reinheit. Unauffällig und bescheiden wie der Lavendel arbeiten merkurbestrahlte Menschen gerne im Hintergrund, wo sie verläßliche Stützen in jedem Arbeitsbereich sind.

Der herrlich duftende *Nußbaum* ist der Baum des Merkur. Unter seinen Zweigen läßt sich erkennen, daß Unabhängigkeit im Denken das erste Kennzeichen von Freiheit ist. Ohne Freiheit bleibt man ein Sklave der Umstände.

♃

Steckbrief Jupiter

Donnerstag

Schütze und Fische

Jupiterkraft ist die Sehkraft des Geistes. Die Augen als Fenster der Seele haben die Fähigkeit, durch alles Äußere hindurchzudringen, hineinzusehen und die Wirklichkeit hinter den Dingen wahrzunehmen. Jupiterkraft bestrahlt den *Schützen* und die *Fische*.
Bescheidenheit, Weltfremdheit, Mitleid, Gutmütigkeit, Ehrlichkeit und Vielseitigkeit sind Geschenke Jupiters. Die Freude am Pflegen, Helfen und Fürsprechen ist jupiterbestrahlten Menschen ins Herz gelegt. Sie strahlen Sanftheit aus und sind außerordentlich liebenswürdige Menschen.

Zinn ist das Metall Jupiters, sanft, seidig, matt wie dieses können Menschen unter diesem Himmelskörper in der Liebe romantische Gaben verschenken.

Topas ist der Stein Jupiters. Er symbolisiert optimistische Sorglosigkeit, die Freude an Übertreibungen, sei es in der Kleidung, verrückten Sportarten oder aufsehenerregenden Hobbys. Jupiterbestrahlte Menschen suchen die Herausforderungen in menschlichen Beziehungen, wollen beachtet, herausgefordert und manchmal sogar besiegt werden.

Wasserlilie und *Nelke* gehören zu Jupiter. Die Schönheit und der Duft dieser Blumen entsprechen ihrer Neigung zum Verfassen romantischer Liebesgedichte.

Eiche und *Trauerweide* sind die Bäume Jupiters. Unter der Eiche besinnt sich der Mensch gerne auf den Ernst und die Würde des Lebens, denkt über das Leben nach. Und er erkennt, daß der edle und selbstlose Mensch ohne Hochmut ist. Unter der Trauerweide kann man träumen und fühlen, daß der Glaube Wunder verrichten kann, während Eitelkeit und Ichsucht meist Ärger und Enttäuschung bringen. Und so ist der Unwissende böse und der Weise versteht alles.

Steckbrief Venus

Freitag

Venuskraft verkörpert das große Gesetz der Liebe. Ist die wirkende Kraft zur Einswerdung mit allem Lebendigen. Unter ihrem Einfluß stellt sich Harmonie und Fruchtbarkeit ein. Ihre Schwingungen berühren *Waage* und *Stier.*

Waage und Stier

Die Venus schenkt diplomatische Fähigkeiten, angenehme Umgangsformen, Warmherzigkeit und Zärtlichkeit. Venusmenschen sind verliebt in die Liebe, benötigen aber auch das Gefühl der Sicherheit und möchten ihr Leben unbedingt mit einem Partner teilen.

Kupfer ist das Metall der Venus. Sein schimmernder Glanz erinnert an Geld, das venusbestrahlte Menschen mit einem angeborenen praktischen Geschäftssinn erwerben und auch lieben. Es führt ihn zu Berufen, in denen er Wärme und Zärtlichkeit geben und zurückerhalten kann.

Saphir ist der Stein der Venus. Blau wie der Himmel schimmert er und weckt die Freude im Herzen der Menschen, sich liebevoll Pflanzen, Blumen oder der Gartengestaltung zuzuwenden. Gärtner, Bauunternehmer, Sänger, Bildhauer, Kunsthändler und Architekten sind Lieblingsberufe von Venusbestrahlten.

Die *Rose* ist die Blume der Venus. Nicht umsonst ist die rote Rose Symbol der Liebe. Keine Blume schmückt schöner einen festlich gedeckten Tisch mit Kerzenlicht zu einem besonderen Anlaß.

Die *Esche* ist der Baum der Venus. Sie hat eine besondere Ausstrahlung: Sie begünstigt alle meditativen, religiösen und ruhigen Beschäftigungen mit Körper und Geist.

Der Tag der Venus ist so am besten geeignet für Yoga. Liebe ist das Gesetz der Gottheit, das Gebot, das die Schöpfung dem Menschen ins Herz legte.

Steckbrief Saturn

Samstag

Steinbock und Wassermann

Saturnkraft begünstigt das, was wir Zufall nennen. Doch Zufall gibt es eigentlich nicht, denn im nachhinein betrachtet fügt sich alles, was geschah, zu einem ganzen, abgeschlossenen Bild, das aus Tausenden von Mosaiksteinchen zusammengesetzt ist. So gesehen verbirgt sich auch hinter dem Chaos und der Unruhe der Saturnkräfte eine in der Schöpfung gewollte Ordnung. Das können *Steinbock* und *Wassermann* bestätigen, die er bestrahlt.
Menschlichkeit, Unabhängigkeit, Humor, Eigenständigkeit und charmante Widerspenstigkeit sind Geschenke der Saturnkraft.

Blei ist das Metall des Saturn. Die Bleifassung hält die vielen bunten und gegensätzlichen Eigenschaften der saturnbestrahlten Menschen wie ein Glasfenster zusammen. Diese Menschen kümmert es nicht, was andere von ihnen denken. Ihr Denken eilt der Zeit voraus und ist zwingend und scharf. Ihr Freiheitsdrang macht das Zusammenleben mit dem schwer berechenbaren Saturnmenschen nicht gerade einfach. Oft leben sie allein, sehr selten lassen sie sich in einer Beziehung gefangenhalten. Routine langweilt sie in jeder Hinsicht und verschleißt ihre Saturnkräfte.

Amethyst ist der Stein des Saturn. Sein Funkeln und Strahlen fasziniert saturndurchströmte Menschen.

Orchideen und *Stiefmütterchen* sind Saturnblumen. So gegensätzlich wie diese, ist der Saturngeist gerne an einen ebenso schillernden Menschen gebunden, wie er selbst es ist.

Die *Fichte* ist der Baum des Saturn. Im Sommer wie im Winter grün, ist er Symbol für Ausdauer. Der saturnbestrahlte Mensch zwingt sich, ausdauernder zu sein als alle Schwierigkeiten. Er kennt keinen besseren Ausweg.

Körper und Planeten

Die folgende Tabelle zeigt uns, welchen tiefgreifenden Einfluß die Planeten auf gewisse Körperdrüsen ausüben, deren richtiges Zusammenspiel die Harmonie zwischen Verstand-Gefühl und Geist-Körper herstellt. Ist es nicht unvorstellbar, daß unser Lebensablauf von geheimen Kräften beeinflußt und geleitet wird, ja, daß selbst unsere Begabungen und Talente von unsichtbaren Energien in die richtigen Bahnen gelenkt werden?

Die geheimnisvollen Kräfte der Planeten

Die von den Planeten berührten Organe und Drüsen befähigen den einzelnen zu überdurchschnittlichen Leistungen, sind offen für Inspirationen von sinnlichen und übersinnlichen Wahrnehmungen. Und gerade weil sie so überempfindliche Antennen sind, reagieren sie auch bei körperlicher oder seelischer Überbelastung mit den Warnsignalen einer Krankheit, um den Menschen aufmerksam zu machen, dieses Zentrum zu schonen, zu schützen und zu beruhigen.
Deshalb kann es Ihnen große Freude machen, mit diesen kosmischen Kräften zusammenzuarbeiten, um die wohltuenden Auswirkungen der Hormonzentren voll einzusetzen für Ihren Erfolg, für Ihre Gesundheit und für Ihre Jugendlichkeit.

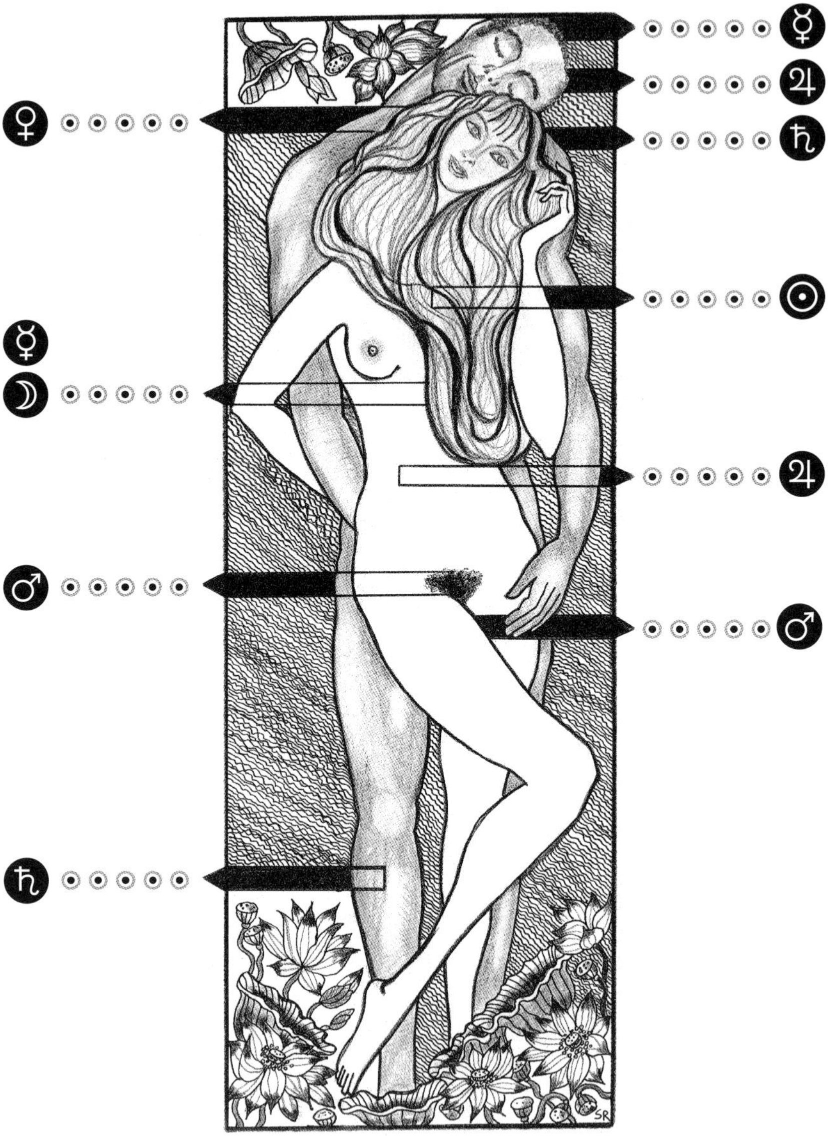

Symbol	Planet	Zeichen	Damit verbundene Organe und Drüsen
☿	Merkur	Zwilling	Gehirn, feinste Beziehungen über das Nervensystem zu den verschiedenen Körperteilen
		Jungfrau	Bauchspeicheldrüse, Verdauungsorgane, Milz, Nervensystem
♀	Venus	Stier	Nebenschilddrüse, die den Kalkspiegel der Körpersäfte reguliert
		Waage	Kehle, Hals, Stimmbänder
☉	Sonne	Löwe	Herz, Thymusdrüse, diese Drüse immunisiert mit ihren Hormonen den Körper gegen Bakterien
☽	Mond	Krebs	Magen, Lunge, Leber, Galle
♃	Jupiter	Schütze	Leber, der die Reinigungsfunktion im Körper obliegt, Hypophyse, Hormonstörungen
		Fische	Thalamus, Umschaltstation für alle optischen und akustischen Wahrnehmungen, Nervensensibilität
♂	Mars	Skorpion	Geschlechtsorgane, Prostata, Harnröhre
		Widder	Hoden, Eierstöcke, Nieren, Blase, Sexualität
♄	Saturn	Steinbock	Knochen, Zähne, Haut, Galle, Hypophyse verstärkt Wirkung auf Knochenhärte
		Wassermann	Zirbeldrüse, Venen, Kreislauf, Hoden, Eierstöcke, Blase, Harnröhre, Prostata

Das kosmische Sieben-Tage-Programm

Der fünfte Pfad
zum kosmischen Wohlbefinden

Lassen Sie los. Seien Sie offen
und stellen Sie sich nun auf die verschiedenen
Schwingungen der Wochentage ein.
An jedem Tag werden Sie von einem
anderen Himmelskörper beschenkt.
Vertrauen Sie auf seine Kraft.

Die sieben Tage der Woche

Nutzen Sie die kosmischen Kräfte an jedem Wochentag

Die Urkraft Gottes besteht aus sieben schöpferischen Grundsätzen. Alles, was existiert, wurde aus diesen Kräften geschaffen: Himmelskörper, Pflanze, Tier und Mensch. Da die sieben schöpferischen Urkräfte alles beeinflussen, ruht die Einteilung der sich rhythmisch wiederholenden Zeitperioden auch auf der Zahl Sieben.

Und weil die Menschen die schöpferischen Grundsätze nach den Himmelskörpern benannt haben, nannten sie auch die Wochentage nach den Himmelskörpern.

Und so ist die Woche mit ihren sieben Wochentagen entstanden.

Der Tag, an dem die Schwingungen der Sonne am stärksten wirken, ist der Sonntag. Der Tag des Mondes wurde der Montag. Der Mars, auch Kriegsgott Thingus genannt, wurde der Dienstag. Der Tag des Merkur, der die Mitte der Woche bestrahlt, wurde der Mittwoch. Der Tag der Schwingungen des Jupiter, auch Gott Donar genannt, wurde der Donnerstag. Der Tag, an dem die Schwingungen der Venus am stärksten wirken, ist der Freitag. Der Tag, an dem die Schwingungen des Saturn am stärksten wirken, wurde nach dem jüdischen Sabbat zum Samstag.

Sonnenkraft ist die Kraft des göttlichen Selbst und der *Gesundheit.*
Mondkraft ist die Kraft der Natur und des *Wachstums.*
Marskraft ist die schöpferische Kraft und die Kraft des *Willens.*
Merkurkraft ist die Kraft des *Verstandes.*
Jupiterkraft ist die Kraft des *Geistes.*
Venuskraft ist die Kraft der *Liebe.*
Saturnkraft ist die Kraft der *Ausdauer.*

Die indische Philosophie nennt diese in der Atmosphäre vorhandenen und geheim wirkenden Kräfte Tatwa.

Ein Inder stellt sein ganzes Leben auf diese glückbringenden und verfügbaren Kräfte ein. Und er wird immer bestrebt sein, diese Kräfte mit den Geschehnissen seines Lebens in Einklang zu bringen.

Die Tatwa bestimmen den Alltag in Indien

Er weiß, daß anderen Liebes tun strahlende Gesundheit zur Folge hat; daß die Einstellung, Geist und Körper gesund zu erhalten, die Voraussetzung allen Wachstums ist; daß eine spontane Handlung, mit Vorsicht gepaart, auch waghalsige Unternehmungen fördert; daß alles in der Welt so gut oder schlecht ist, wie der einzelne es sieht, über sie redet oder schreibt; daß der Wille alles ermöglicht; daß der Glaube an das, was man möchte, mit der inneren Sehkraft des Geistes genau dieses zuträgt; daß die Hochzeit der Natur, die Hochzeit von Geist und Seele, von Mann und Frau, von Wunsch und Erfüllung immer die Kräfte der Liebe voraussetzt; und er weiß auch, daß der niedrig Denkende durch Unglück aus der Fassung gerät und der Edle durch Ausdauer versteht, auch Unglück mit Festigkeit und Würde zu tragen.

Ein Inder entschließt sich an den richtigen Tagen zu den richtigen Unternehmungen.

Er gibt am *Sonntag* von seinem Reichtum der Gesundheit, des Besitzes etwas ab an jene, die nicht so sehr damit gesegnet sind. Er hat *Kraft.*

Jeder Mensch ist ein Gefäß, in dem der Geist der Schöpfung wohnt

Am *Montag* wird er alles tun, um sein seelisches, körperliches und geistiges Wohlbefinden zu erhalten. Er hat menschliche *Gefühle.*

Am *Dienstag* wagt er etwas. Er hat *Mut.* Er baut ein Haus.

Am *Mittwoch* wird er reisen, sich der Kunst widmen, dem Handel und der Landwirtschaft. Er hat *Erfolg.*

Am *Donnerstag* glaubt er an das, was er erreichen möchte. Er ist gerecht und tolerant, und alles fließt ihm zu, was sein Geist sieht und im vorhinein erkennt. Er empfindet *Gerechtigkeit.*

Am *Freitag* läßt er sich von all dem berühren, was Männer und Frauen zusammenführt. Er verlobt sich. Er empfindet *Liebe* zu sich selbst.

Samstags nimmt er sich Zeit zu allem, was Freude schenkt. Er weicht bewußt jedem Streit, Unordnung und Chaos aus und unternimmt nichts an diesem Tag, was ihm Schaden zufügen könnte. Er wartet auf bessere Angebote, läßt sich mit Entscheidungen *Zeit.*

An jedem Tag wirkt eine andere schöpferische Energie

An jedem Tag der Woche wirkt, wie wir sehen, eine andere schöpferische Energie. Und alles, die Natur, die Pflanzen, Tiere und Menschen, befinden sich den ganzen Tag lang in diesen Schwingungen, schwimmen in jener geheim wirkenden Naturkraft. Automatisch gehorchen Pflanzen und Tiere diesen Kräften. Vielleicht tun das auch manche Menschen ganz unbewußt, doch die meisten leben von der Natur und ihrem heilenden Rhythmus entfernt. Die zivilisierten Völker handeln nicht mehr nach ihren Instinkten, sondern sie haben ihr ganzes Leben und ihren Lebensrhythmus nach den Regeln der Vernunft eingerichtet. Wer geht noch wie das Tier und die Pflanze mit dem Sonnenuntergang schlafen? Ganz unbemerkt haben neue Gewohnheiten uns langsam und in immer größerem Maße von den Naturkräften losgelöst. Wir haben es verlernt, die Naturkräfte wahrzunehmen, und infolgedessen gibt es immer mehr seelische, und als Folge davon, auch körperliche Erkrankungen.

Auf der anderen Seite nimmt aber auch das Interesse an den Weisheiten der großen Weltlehrer der Liebe zu. Wer versucht nicht zu verstehen, was sie uns seit ewigen Zeiten mitteilen? Alles, was man sagt, wird die Wahrheit sein.

Jeder Mensch erschafft sich seine eigene Wirklichkeit

Genügt es nicht, wenn Sie jemandem sagen, er sehe heute blendend aus, damit schon sein Äußeres strahlender wird? Er freut sich über dieses Kompliment und vergißt es. Sagen Sie ihm jedoch, er sehe schlecht aus, wird er noch am Abend darüber nachdenken. Darum seien Sie sich bewußt, daß Sie die Wirklichkeit schon mit jedem Wort beeinflussen.

Ein Tatwa ist die Konzentration auf einen geeigneten Gedanken, eine geeignete Handlung, eine geeignete Tat, auf die man sich einstellt, um die in ihr schlummernde Kraftschwingung des jeweiligen Himmelskörpers für sein persönliches Lebensglück zu nützen.

Nur wer neue Wege geht, wird Neues erfahren

An jedem Wochentag gibt es bestimmte Gedankenanstöße, um den Schwingungen des Tages entgegenzukommen und die verborgene heilende und glückverheißende Ausstrahlung frei um sich herum und um seine Umgebung wirken zu lassen.

Denke ich zum Beispiel am Sonntag, daß in allen freudigen Taten die Sonnenkraft wirkt, die mir strahlende Gesundheit schenkt, so werde ich freudig Liebes tun, weil ich es in Form von Gesundheit zurückerhalte. Ich nehme damit das Tatwa des Sonntags an. Ein Tatwa annehmen und darüber nachsinnen ist eine geistige Yoga-Übung.

Zu diesen geistigen Yogaübungen wurde für die einzelnen Wochentage immer eine meditative Atemübung entworfen, mit der man die Tageskräfte der Himmelskörper für sich heilbringend erspüren und einsetzen kann. Ebenso sind zu jedem der Wochentage passende Körperübungen angegeben, die den jeweiligen Himmelskräften in jeder Form entgegenkommen.

Das heißt, daß man jeden Tag nur die geistige Yogaübung machen kann, indem man für sich ein Tatwa wählt und eine der Atemübungen. Und wenn man sich gerne körperlich betätigen möchte, wählt man eine Körperübung. Wer alles ausprobieren möchte, kann es natürlich tun. Nur darf man sich niemals überanstrengen.

Yoga heißt, der Natur die Hand zu geben

Und so wünsche ich jetzt viel Freude und Erfolg mit dem neuen Erleben der sieben Wochentage, die von den Himmelskörpern bewacht werden.

Sonntag – Sonnenkraft

Strahlende Gesundheit ist heute mein Geschenk vom Himmelskörper Sonne.

Was erhält mir meine strahlende Gesundheit? Eines steht fest: Alle Lebewesen der Erde werden von Sonnenkraft belebt. Und nach dieser lebensspendenden Kraft der Sonne wurde der Sonntag benannt.
Wie großmütig die Natur von der Sonne belebt wird, wie großzügig sie mich mit ihren Gaben beschenkt! Wie sie mir die Freude an der Bewegung ins Herz gelegt hat, den Atem durch mich strömen läßt, der meine Lebensfreude an das Göttliche bindet. Mir die Kraft schenkt, Freude an meinem Beruf zu finden, die Voraussetzungen, eine beglückende Beziehung einzugehen und zu erhalten, ein Heim zu genießen und einen Ort der Ruhe für mich allein zu besitzen, an dem ich mich erholen kann.
Alles will ich tun, um meine strahlende Gesundheit zu erhalten. Denn ich glaube, daß ich strahlend gesund sein muß, wenn ich liebe. Und ich nehme mir vor, daß ich alles meiden werde, was mich, verstandesmäßig und geistig schwächen könnte. Vollkommene Gesundheit von Geist und Körper, dies ist wohl die größte Glückseligkeit.
Alles, was ich sage, soll zur Wahrheit werden. Wenn ich jemandem Glück wünsche, soll es zu ihm finden. Wenn ich jemandem Fröhlichkeit wünsche, soll er heiter sein. Und ich werden den Menschen zulächeln, und ich bin sicher, sie werden zurücklächeln. Ich will sein wie die Sonne. Sie braucht nur zu scheinen, und die Menschen freuen sich.
Und wenn ich die Übung zur Verstärkung der geheimen Kräfte der Sonne gemacht habe, wird tiefe Freude und Ruhe in mich einkehren, und ich habe mich auf die Schwingungen der Sonne eingestellt, sie als strahlende Gesundheit in mir manifestiert.

Übung zur Verstärkung der Sonnenkraft

1. Setzen Sie sich mit geradem Rücken auf einen Stuhl oder im Schneidersitz auf ein Kissen.
2. Legen Sie einen Finger auf Ihren Scheitel, dort wo sich die Fontanelle befindet. Merken Sie sich diesen Punkt, dann legen Sie Ihre Hände entspannt in den Schoß.
3. Ziehen Sie jetzt mit dem Einatmen einen Sonnenstrahl voll Licht und Energie vom Steißbein durch die Wirbelsäule nach oben zur Scheitelöffnung. Atmen Sie dort hinaus und fühlen Sie, wie der Sonnenstrahl zum Göttlichen zurückkehrt.
4. Beginnen Sie erneut von unten nach oben einzuatmen und durch die Scheitelöffnung auszuatmen. Üben Sie, solange es Ihnen angenehm ist und ein warmes Prickeln Ihren ganzen Körper mit strahlender Gesundheit erfüllt.

1. Übung

1. Auf dem Boden liegend, stellen Sie beide Beine auf. Beide Hände liegen völlig entspannt auf der Brust.
2. Berühren Sie langsam mit dem rechten Knie die rechte Hand.
3. Wiederholen Sie das ca. zwanzigmal.
4. Berühren Sie jetzt langsam mit dem linken Knie die linke Hand.

Während der Übung atmen Sie langsam und harmonisch und denken dabei an leuchtend gelbe Sonnenblumen.

2. Übung

1. Legen Sie Ihre Arme ausgestreckt seitlich. Winkeln Sie die Beine an. Knie und Knöchel sind geschlossen.
2. Lassen Sie die Beine langsam links zu Boden gleiten, und drehen Sie den Kopf behutsam nach rechts. Wiederholen Sie das ca. zehnmal.
3. Lassen Sie die Beine langsam nach rechts zu Boden gleiten und drehen den Kopf behutsam nach links. Wiederholen Sie das ca. zehnmal.

Während der Übung atmen Sie langsam und harmonisch und denken dabei an die Schönheit funkelnder, roter Rubine.

3. Übung

Verboten bei jeder Art von Knieverletzung!

1. Knien Sie am Boden. Winkeln Sie das rechte Bein an und strecken das linke Bein nach hinten geradeaus.
2. Heben Sie den Kopf stolz nach oben, und berühren Sie mit den Fingerspitzen den Boden. Verharren Sie in dieser Stellung fünf langsame Atemzüge.
3. Strecken Sie jetzt das rechte Bein nach hinten und winkeln das linke Bein an. Kopf erhoben, mit den Fingerspitzen den Boden berühren.

Während der Übung atmen Sie langsam und harmonisch und denken dabei an glitzernden Goldstaub.

Montag – Mondkraft

Eine Kraft, die alles zum Wachsen bringt, ist heute mein Geschenk vom Himmelskörper Mond.

Alles, was lebt, schwingt im Rhythmus des Mondes und seiner Kraft. Der Mond spiegelt das Licht der Sonne wider und gibt so als Mondkraft die Fähigkeit, alles wachsen und gedeihen zu lassen. Es ist für mich Anlaß, über die Kräfte des Wachstums nachzudenken, damit ich alles, was ich geistig, körperlich und wunschmäßig wachsen lassen möchte, auch zum Wachsen bringe. Ich stelle mir einfach vor, daß alles, was ich berühre, wie durch einen geheimen Zauber heilt, wächst und sich erfüllt.
Mondkraft fördert das Wachstum meiner Ideen, und so wird die äußere Welt das widerspiegeln, was in meinem Inneren ruht und um Gestaltung ringt. Ja, es ist die Phantasie in mir, die sich in Bildform im Leben zeigt. So lange werde ich mir etwas vorstellen, bis es wird. Denn meine immerwährende Vorstellung beeinflußt jeden Tag ein wenig mehr mein Handeln, verändert mein Verhalten gegenüber dem Schicksal. Bedenken muß ich allerdings, daß ich alles, was wachsen soll, frei lassen muß, denn tue ich das nicht, wird es niemals wachsen.
Ich will selbst versuchen, in der Not und im Glück ein Freund zu sein, der alle Freude teilt und miterlebt. Das Leben ist wie der Mond: Ist er voll, dann nimmt er ab, und umgekehrt.
Heute will ich bewußt alle Pflanzen, Blumen und Bäume erfühlen, ebenso die Zuneigung aller Tiere. Heute will ich die Schöpfung in allem lieben. Man sollte keine Wünsche haben, sagt der Yoga. Aber wer wünscht nicht, die Menschen, die er liebt, so oft wie möglich um sich zu haben. Und so will ich versuchen, in der Übung, die zur Verstärkung der am Montag wirkenden Tatwa dient, die allumfassende Liebe zu fühlen, die mich umfängt, um das zu leben, was mich zufrieden und heiter stimmt.

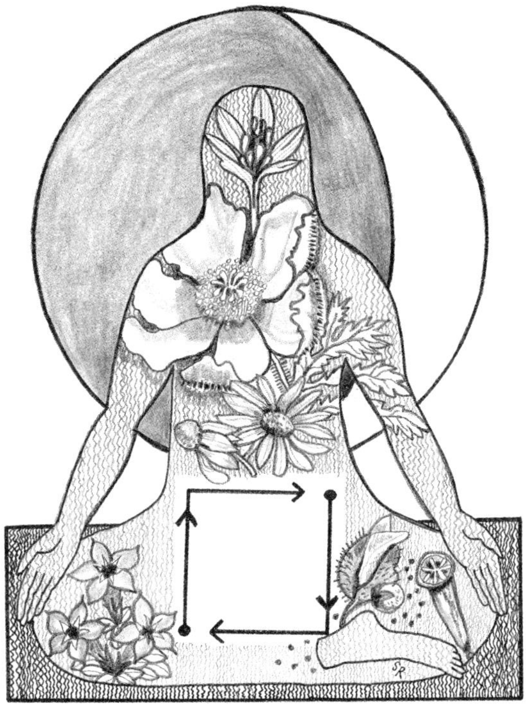

Übung zur Verstärkung der Mondkraft

1. Setzen Sie sich mit geradem Rücken auf einen Stuhl oder im Schneidersitz auf ein Kissen. Atmen Sie durch die Nase aus und ein.
2. Stellen Sie sich im Beckenraum ein Viereck vor. Fahren Sie mit dem Finger von rechts unten gerade nach oben, dann nach links, und atmen Sie währenddessen ein. Während Sie ausatmen, fahren Sie von oben links hinunter und zurück zum Ausgangspunkt. Legen Sie die Hände entspannt in den Schoß.
3. Führen Sie diese Übung so lange aus, wie es Ihnen angenehm ist, und lassen Sie die Kraft des Wachstums in jede einzelne Zelle einströmen.

1. Übung

1. Auf einer Decke liegend, winkeln Sie die Beine an und strecken die Arme nach oben. Knie und Hände geschlossen.
2. Atmen Sie jetzt langsam durch die Nase ein, und lassen Sie gleichzeitig die Arme und Beine auseinandergleiten.
3. Mit dem Ausatmen heben Sie Beine und Arme wieder hoch. Schließen dann Knie und Hände.

Während Sie wie ein Schmetterling die Arme und Beine auseinandergleiten lassen und wieder schließen, stellen Sie sich vor, glückbringende Mondenergie durchströme Ihren ganzen Körper.

2. Übung

1. Auf einer Decke liegend, lassen Sie die Beine auseinandersinken. Die Arme breiten Sie seitlich aus.
2. Mit dem Einatmen heben Sie Beine und Arme hoch und schließen Knie und Hände.
3. Atmen Sie nun langsam durch die Nase aus, und lassen Sie gleichzeitig Arme und Beine auseinandersinken.
4. Üben Sie so lange, wie es Ihnen angenehm ist, und entspannen Sie Geist und Körper, indem Sie sich auf die harmonische Atmung einstellen.

3. Übung

1. Wenn Sie gelenkig sind, rollen Sie sich auf den Rücken zurück und halten mit den Händen Ihre Beine fest.
2. Mit geschlossenen Augen atmen Sie ganz sanft durch die Nase aus und ein und genießen das Prickeln, das durch Ihren Körper fließt wie silbernes Mondlicht.
3. Sehr behutsam und langsam rollen Sie sich wieder auf den Rücken und entspannen und ruhen sich aus, während Sie sich an die Schönheit und den Glanz von Perlen und ihr Schimmern verlieren.

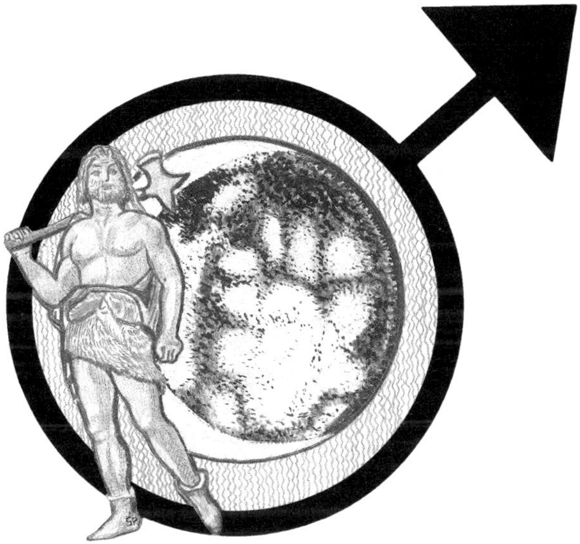

Dienstag – Marskraft

Entscheidungskraft für Geist und Körper ist heute mein Geschenk vom Himmelskörper Mars.

Die allerwichtigste Voraussetzung, um mit Mut, Waghalsigkeit und Impulsivität einen Entschluß zu fassen, um mit Muskelkraft zu kämpfen oder mit sexueller Kraft besitzen und befruchten zu können, ist Verschwiegenheit. Sie ist die Voraussetzung, um der Vollendung wichtiger Vorhaben nicht zu schaden.
Ich weiß auch, daß ich geduldig die richtige Zeit abwarten muß. Ein Wort, das mir entschlüpft, ist wie ein galoppierendes Pferd, das sich von mir nicht mehr einholen läßt. Es ist zu spät, habe ich eine gewinnversprechende Idee verraten, bevor ihr Erfolg gefestigt ist. Und so wäge ich ab, während ich vorsichtshalber noch schweige.
Heute denke ich daran, mich für etwas zu entscheiden. Zum Beispiel könnte ich mich entscheiden, nicht zu handeln, und versuchen, nicht zu fragen, nichts zu verlangen, sondern einfach einmal ganz zur Ruhe zu kommen.
Die Marskraft bringt die mächtigste Energie zustande und befähigt begnadete Menschen zu selbstloser Aufopferung für Ideale. Schön, wenn man eine Entscheidung verwirklicht und sich vornimmt, die Kraft zu nutzen, die dem Mut des Tieres, der Weisheit der Pflanze und der Erfindungsvielfalt aller Lebewesen gleicht, wenn es um Fortpflanzung oder Selbsterhaltungstrieb geht. Ich bin ganz sicher, daß im Leben, auch wenn die Umstände gegen mich zu sein scheinen, eine innere Kraft heranwächst und alles für mich bereitstellt, was ich zur Überwindung der Lebensaufgaben brauche.
So will ich die Übung, die zur Verstärkung der geheimen Kräfte des Mars führt, ausprobieren und in tiefer Meditation erfahren, was die Schwingungen des Tages in meinem Geist und in meinem Körper bewirken und mir an Erfahrung schenken werden.

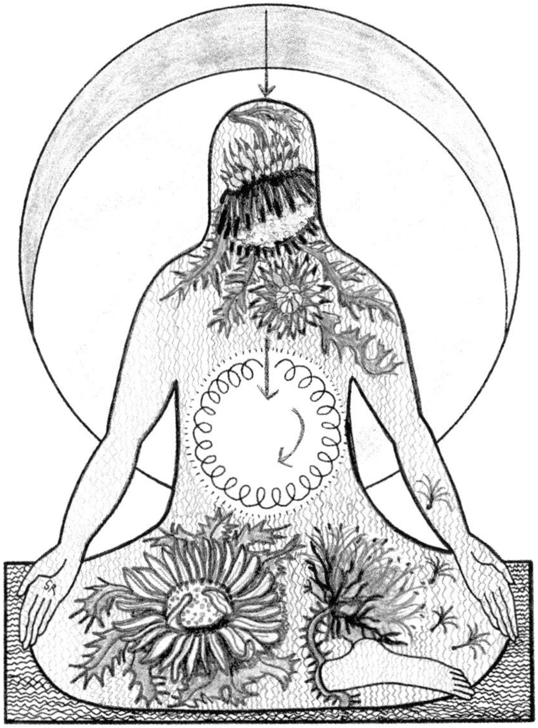

Übung zur Verstärkung der Marskraft

1. Setzen Sie sich mit geradem Rücken auf einen Stuhl oder im Schneidersitz auf ein Kissen. Atmen Sie ein und aus.
2. Wenn Sie ganz ruhig geworden sind, stellen Sie sich vor, daß Sie durch den Scheitel Marsenergie einatmen, die sich in Ihrem Unterbauch ausbreitet. In kleinen Kreisen atmen Sie diese im Uhrzeigersinn wieder aus.
3. Machen Sie diese Übung, solange Sie sie angenehm empfinden. Fühlen Sie, wie Sie von Marsenergie erwärmt werden, wohlige Hitze empfinden.

   Diese Übung vertreibt Kältegefühle und lädt den Körper mit verstärkter Lebensenergie auf.

1. Übung

♂

1. Stehen Sie mit gegrätschten Beinen. Die linke Hand liegt mit der Handfläche nach oben über dem Nabel. Der rechte Arm wird über den Kopf gehoben und der Körper leicht nach links gebeugt. Dehnen Sie bewußt und sanft die Rippen Ihres rechten Brustkorbes.
2. Bleiben Sie so stehen und atmen Sie durch die Nase ruhig aus und ein, solange Ihnen diese Stellung angenehm ist. Dann kehren Sie behutsam in die Ausgangsstellung zurück.
3. Wiederholen Sie die Übung auf der anderen Seite, um auch die Rippen des linken Brustkorbes behutsam zu dehnen.

2. Übung

Verboten bei jeder Art von Knieverletzung!

♂

1. Gehen Sie auf die Knie und Handflächen. Während Sie langsam einatmen, heben Sie Ihren Kopf und das linke Bein.
2. Während Sie langsam ausatmen, senken Sie den Kopf und das linke Bein.
3. Nach einer kleinen Ruhepause heben Sie mit dem Einatmen das rechte Bein und den Kopf.
   Sie dürfen die Übung so lange wiederholen, wie sie Ihnen angenehm ist. Stellen Sie sich vor, Sie wollten in Gedanken mit Ihrer großen Zehe den Kopf erreichen.

3. Übung

Verboten bei Herz-erkrankungen!

♂

1. Setzen Sie sich auf den Boden, strecken Sie die Beine ganz gerade aus und die Arme nach oben. Machen Sie mit beiden Händen eine Faust.
2. Atmen Sie ein und heben gleichzeitig Arme und Beine hoch. Lassen Sie sie so lange hochgestreckt, wie Sie den Atem leicht anhalten können.
3. Mit dem Ausatmen senken Sie Arme und Beine behutsam.
4. Wiederholen Sie die Übung nur, wenn sie Sie nicht zu sehr anstrengt.

Während der Übungen geben Sie sich den Gedankenbildern von Diamanten und ihrem vielfältigem Lichtgefunkel hin.

4. Übung

♂

1. Legen Sie sich auf den Bauch. Atmen Sie ein, und heben Sie gleichzeitig die durchgestreckten Arme und Beine.
2. Mit dem Ausatmen senken Sie sie langsam und ruhen sich kurz aus.
3. Wiederholen Sie diesen Bewegungsablauf ca. zehnmal hintereinander.

Fühlen Sie sich wie ein Zweig, der auf- und niederschwingt.

5. Übung

1. Legen Sie sich auf den Rücken, und strecken Sie die Arme seitlich aus, die Handflächen zeigen nach oben.
2. Heben Sie das rechte Bein, und legen Sie es, soweit es Ihnen möglich ist, durchgestreckt auf die linke Seite.
3. Verharren Sie kurze Zeit so, während Sie ganz langsam den Kopf auf die rechte Seite drehen. Fühlen Sie, wie der Körper im Hüft-, und Schulterbereich behutsam gleichgezogen wird. Bleiben Sie ein wenig in dieser Stellung liegen. Wenn Sie möchten, können Sie sie auch wiederholen, solange es Ihnen angenehm ist.
4. Dann machen Sie die Übung auf die andere Seite und beobachten genau, wie Ihr Körper geradegestreckt wird und Spannungen der Muskulatur nachlassen.

6. Übung

1. Stehen Sie, indem Sie das linke Bein leicht anwinkeln und das rechte Bein durchgestreckt haben. Die Arme sind ganz gerade durchgestreckt bis zu den Fingerspitzen.
2. Blicken Sie über die linke Hand nach vorne, und fixieren Sie mit Ihren Augen einen Punkt.
3. Stehen Sie so einige Zeit und beobachten Sie Ihren Atem, fühlen Sie Wärme durch den Körper strömen und genießen Sie sie.
4. Dann ruhen Sie sich kurz aus und wiederholen die Übung auf der anderen Seite.

Mittwoch – Merkurkraft

Die Begabung scharfen Denkens ist heute mein Geschenk vom Himmelskörper Merkur.

Merkurkraft weckt in mir als Werkzeug den Verstand. Als Waffe die gewählten Worte der Sprache und der Schrift. Und ich denke nach, wie ich diese Geschenke richtig nützen soll. Ich denke über ein Schauspiel nach, über eine Oper, über ein Buch, das mich fasziniert, über einen Film, dessen Handlung mich mitreißt.
Ich sage das, was ich erreichen möchte, schreibe das, was ich verwirklicht haben will. Kurz, ich mache mir bewußt, was ich gut und erstrebenswert finde. »Du siehst blendend aus«, werde ich zu mir sagen, du wirst einen herrlichen Tag haben, usw. So bekomme ich auf Dauer sicherlich alles, was ich brauche und wirklich möchte.
Auch an gutes Essen will ich denken, um meinen Körper aufzubauen, an gute Eindrücke, um meine Seele zu stärken, wohltuende Schwingungen aus meiner Umgebung, um geistig ernährt zu sein. Gehirn, Muskeln, Nerven, jeder Teil meines Körpers ist von einem Gedanken, von einer Idee erfüllt, und die Dinge werden so gut oder so schlecht sein, wie ich darüber denke.
Und wenn ich die Gedankenübung mache, die zur Verstärkung der am heutigen Tag wirkenden Kräfte wirkt, dann werde ich alle meine Konzentration auf das dritte Auge richten und auf das des Menschen, zu dem ich durchdringen möchte, um ihm Liebes zu tun, ihn zu rufen oder einfach, um in Gedanken bei ihm zu sein, mich geborgen und behütet zu wissen.

Übung zur Verstärkung der Merkurkraft

1. Setzen Sie sich ganz entspannt mit geradem Rücken, atmen Sie ruhig durch die Nase aus und ein. Die Hände liegen ganz entspannt im Schoß. Konzentrieren Sie sich auf Ihre Kopfmitte, sehen Sie Ihr drittes Auge, und ziehen Sie alle Energie aus den Nervenbahnen und den fünf Sinnen zurück.
2. Ihr Atem wird ganz unwichtig. Greifen Sie jetzt in Gedanken die beiden Hände des Menschen, an den Sie denken möchten, fühlen Sie, wie Sie seine Hände festhalten, und konzentrieren Sie sich auf Ihr drittes Auge.
3. Versinken Sie tief in Gedanken an diesen Menschen, und versuchen Sie, Ihre Botschaft durch das Allsehende Auge in das Allsehende Auge des anderen zu senden. Versenken Sie sich ganz in die Gedanken, die Sie senden, und meditieren Sie, solange es Ihnen angenehm ist.

1. Übung

1. Legen Sie sich auf den Bauch.
2. Mit dem Einatmen heben Sie den Kopf, den rechten Arm und das linke Bein.
3. Mit dem Ausatmen senken Sie den rechten Arm und das linke Bein. Wiederholen Sie diesen Bewegungsablauf, solange es Ihnen angenehm ist. Ruhen Sie sich kurz aus.
4. Heben Sie jetzt mit dem Einatmen den linken Arm, das rechte Bein und den Kopf hoch. Mit dem Ausatmen senken Sie den linken Arm und das rechte Bein. Ruhen Sie sich danach kurz aus. Üben Sie immer so lange, wie es Ihnen angenehm ist.

2. Übung

1. Sie sitzen mit ausgestreckten Beinen.
2. Winkeln Sie das linke Bein an und legen es über das rechte ausgestreckte Bein.
3. Legen Sie den rechten Arm um das angewinkelte linke Bein. Den linken Arm strecken Sie aus und bewegen ihn so weit es angenehm ist nach hinten. Betrachten Sie dabei die Hand. Beim Einatmen linken Arm nach hinten strecken und dabei den Brustkorb dehnen. Dann ausatmen und zurückkommen.
   Strecken Sie den Arm so oft nach hinten, wie es Ihnen angenehm ist.
4. Wechseln Sie die Seite.

Genießen Sie das Lockerwerden der Hals- und Schultermuskulatur.

3. Übung

☿

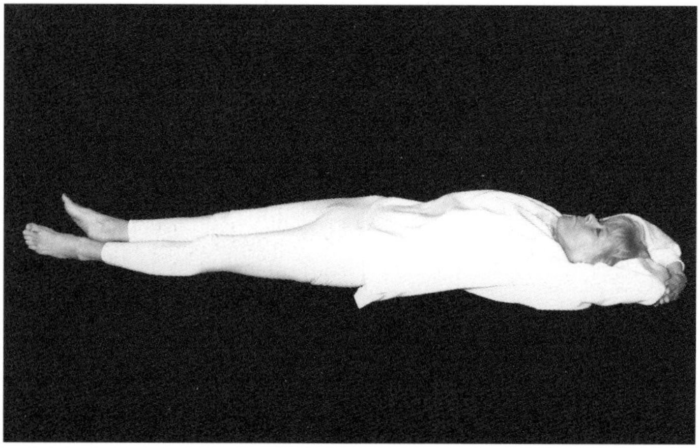

1. Legen Sie sich auf den Rücken.
2. Strecken Sie beide Arme nach hinten, und halten Sie mit den Händen die Ellenbogen fest.
3. Mit dem Ausatmen bringen Sie die verschränkten Arme zum Nabel.
4. Mit dem Einatmen strecken Sie die Arme wieder nach hinten und dehnen den gesamten Brustkorb wohlig aus.
5. Dann verschränken Sie die Arme andersherum. Wieder strecken Sie mit dem Zurückbringen der Arme den Brustkorb, während Sie einatmen, und senken ihn, während Sie ausatmen. Wiederholen Sie die Übungen auf beide Seiten ca. zehnmal.

Denken Sie während der Übungen, daß prickelnde Energie wie gleißendes Quecksilber Ihren Körper verjüngt und belebt.

4. Übung

1. Winkeln Sie das linke Bein an.
2. Legen Sie die rechte Hand um den Ellenbogen des linken Armes, und pressen Sie den Oberschenkel an sich. Bleiben Sie bewegungslos so sitzen, und fühlen Sie die Wärme, die sich im Nabelgeflecht ausbreitet.
   Atmen Sie ruhig und gleichmäßig durch die Nase aus und ein, solange Sie es angenehm finden. Fühlen Sie, wie die Bauchorgane erwärmt werden.
3. Dann wechseln Sie die Seite und winkeln das rechte Bein an, legen die linke Hand um den Ellenbogen des rechten Armes und pressen den Oberschenkel an sich. Sitzen Sie immer so lange, wie es Ihnen angenehm ist.

5. Übung

☿

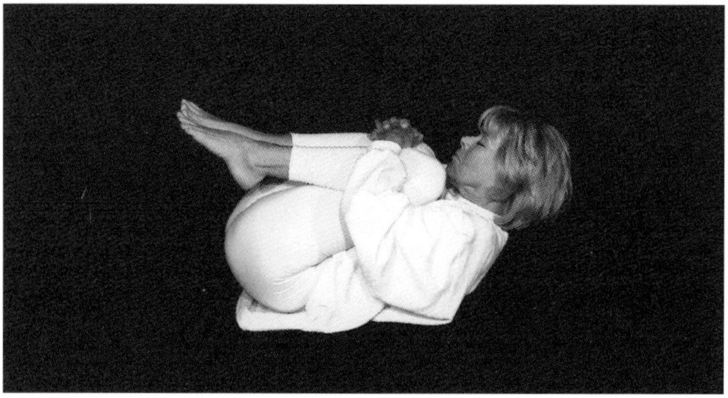

1. Drücken Sie beide Beine an den Brustkorb, und heben Sie gleichzeitig den Kopf hoch.
2. Atmen Sie langsam durch die Nase aus und ein.
   Wenn Sie einatmen, legen Sie in Gedanken Wärme um Ihre Wirbelsäule. Wenn Sie ausatmen, fühlen Sie, wie Wärme in der Wirbelsäule zurückbleibt.
   Üben Sie so lange, wie es Ihnen angenehm ist, und empfinden Sie die Durchblutung und Entspannung im gesamten Wirbelsäulen- und Rückenbereich. Ruhen Sie sich danach kurz aus.

6. Übung

1. Sie liegen auf dem Rücken.
2. Pressen Sie nun das rechte Bein an Ihren Oberkörper, wobei Sie Ihre Gedärme zur Nabelmitte drücken.
3. Dann atmen Sie langsam und gleichmäßig durch die Nase ein und aus, solange es Ihnen angenehm ist. Behutsam beenden Sie diese Übung und wiederholen sie genauso auf der anderen Seite.
   Fühlen Sie nachher die Wärme in den beiden Körperseiten, und ruhen Sie sich ein wenig aus.

Während der Übungen riechen Sie Lavendel. Sehen das Violett von Lavendel. Empfinden Sie die tiefe Entspannung, die sich wie violette Stromstöße durch Ihren gesamten Stoffwechsel ausbreitet.

Donnerstag – Jupiterkraft

♃

Jupiter schenkt mir die Gabe, das Innere zu sehen und nicht das Äußere.

Am heutigen Tag fühle ich mich durchdrungen von dem Wissen des Herzens, daß in jedem Menschen etwas Schönes und Gutes ruht. Ich glaube heute an das Gute, und ich will auch all jene Menschen gernhaben, die mich zutiefst verletzt haben. Ich weiß, es kann Augenblicke geben, in denen man etwas tut oder sagt, von dem man erst viel später weiß, daß man damit einem anderen Menschen das Herz gebrochen hat.
Ich werde auf keinen Fall zurückdenken, was ich falsch gemacht habe, sondern zuversichtlich darauf vertrauen, daß auch mir verziehen werden wird.
Heute glaube ich auch gerne an das Unmögliche. Nur Menschen, die an sich selbst glauben, öffnen Tür und Tor zu allen Möglichkeiten. Ich glaube so fest an das, was heute noch nicht ist, damit es morgen so sei. Und ich bin dankbar für jede Begabung, denn ich bin überzeugt, daß jeder Künstler sie als Geschenk von Jupiter erhalten hat, denn nur mit ihr kann er in seinen Kunstwerken das Innere äußerlich sichtbar machen. Deshalb höre ich heute aufmerksam schöne Musik und nehme die Schwingungen wahr, die den beflügelt haben, der sie einst geschaffen hat. Für mich ist jeder Künstler ein Werkzeug kosmischer Kräfte.
Heute werde ich auch über mich selbst ein wenig Gericht halten und darüber nachdenken, wie vielen Menschen ich wirklich Freude gemacht habe und wie vielen Menschen ich Leid zugefügt habe.
Heute ist für mich der Tag zur Innenschau, die mich zu mir selbst und meinem wahren Glauben führt, der mit allen Weltreligionen etwas gemeinsam hat. Und ich wünsche mir ganz innig, daß ich mich zu allen Menschen so verhalten kann, wie ich mir ersehne, daß sie sich zu mir verhalten mögen.

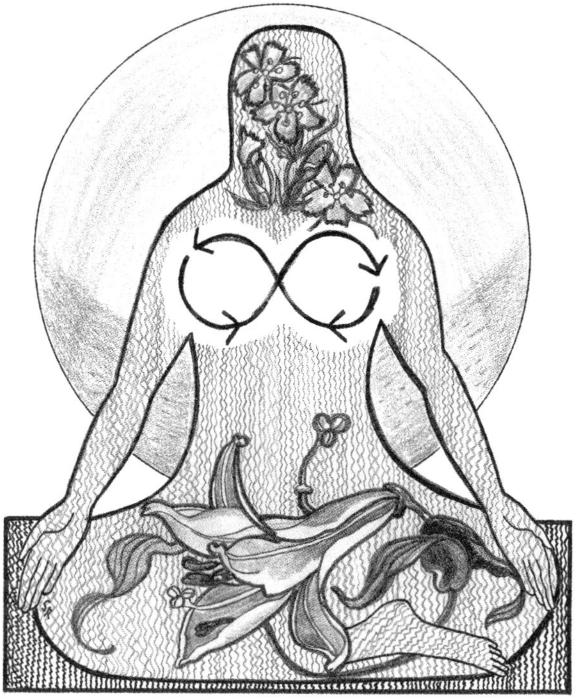

Übungen zur Verstärkung der Jupiterkraft

1. Sitzen Sie entspannt auf einem Stuhl oder auf einem Kissen auf dem Boden.
2. Stellen Sie sich auf Ihrer Brust einen liegenden Achter vor. Atmen Sie durch die Nase ruhig aus und ein.
3. Versuchen Sie, mit dem Einatmen die eine Hälfte des Achters zu atmen; mit dem Ausatmen die andere Hälfte des Achters. Lassen Sie den Atem fließen, und beobachten Sie ganz ruhig, wie Ihr Atem in der Form eines Achters fließt und zu einem Ganzen wird.
4. Versuchen Sie, sich vorzustellen, daß der Atemablauf so ruhig und still wird, daß Sie das Äußere vergessen und das Innere sehen können.

1. Übung

♃

1. Setzen Sie sich auf den Boden.
2. Nehmen Sie mit den Händen die großen Zehen beider Füße in die Hand, und strecken Sie sie durch.
   Fühlen Sie, wie warm die Hüftgelenke durchblutet werden.
   Beenden Sie die Übung, und ruhen Sie sich aus.
   Wenn es Ihnen Spaß macht und Sie die Übung wiederholen möchten, tun Sie es so oft, wie es Ihnen Freude macht.

2. Übung

♃

1. Legen Sie sich auf den Rücken.
2. Wölben Sie den Rücken nach oben.
3. Dann heben Sie langsam einmal das rechte Bein vom Boden ab und dann das linke Bein. Einmal rechts, einmal links, solange es Ihnen angenehm ist.
   Fühlen Sie, wie die Beckenschale sanft hin- und herbewegt wird und der Unterbauch gut durchblutet ist. Senken Sie die Beine langsam auf den Boden und ruhen Sie sich kurz aus.

3. Übung

Verboten bei jeder Art von Knieverletzung!

♃

1. Knien Sie auf dem Boden.
2. Lassen Sie die durchgestreckten Arme nach vorwärts gleiten, bis Sie fühlen, daß sich die gesamte Rückenmuskulatur ausdehnt und lockert.
3. Strecken Sie sich wie ein Panther nach vorn, solange Ihnen diese Stellung angenehm ist. Ruhen Sie sich ein wenig aus. Wenn Sie möchten, wiederholen Sie die Übung, solange es Ihnen angenehm ist.

Während der Übungen denken Sie an eine Trauerweide mit seidigen Blättern. Sie sehen, wie stark ihr Stamm ist und daß in ihren Zweigen die Sonne spielt. Betrachten Sie den schönen Baum, und lauschen Sie.

4. Übung

♃

1. Strecken Sie den linken Arm gerade nach oben, als wollten Sie zum Himmel zeigen. Den rechten Arm strecken Sie nach hinten, ebenso das rechte Bein.
2. Blicken Sie hinauf zu den Himmelskörpern im Firmament, und fühlen Sie sich wie eine Antenne, die kosmische Kräfte auffängt. Stehen Sie solange bewegungslos, wie es Ihnen angenehm ist.
3. Dann senken Sie behutsam die Arme und wiederholen die Übung auf der anderen Seite.

5. Übung

♃

1. Legen Sie sich auf den Rücken, und strecken Sie beide Beine nach oben. Stützen Sie sich mit den Fäusten Ihrer beiden Hände angenehm im Lendenwirbelbereich ab.
2. Jetzt beginnen Sie langsam und abwechselnd, Ihre Füße hinauf und hinunter zu bewegen. Fühlen Sie, wie durch die Fußsohlen spürbar prickelnde Energien einströmen. Üben Sie, solange Sie es angenehm finden. Dann senken Sie langsam die Beine und ruhen sich aus, spüren Sie, wie die Wärme sich im Becken ausbreitet und von dort den Körper überall anwärmt und durchblutet.

Denken Sie dabei an den Duft von wilden Nelken und das leichte Wiegen von Wasserlilien im Wind. Sie fühlen sich schön und jung.

Freitag – Venuskraft

Die Venus schenkt mir die Einsicht, nicht zu sprechen, sondern zu handeln.

Die Göttin der Liebe spricht nicht viel, sondern sie sendet Amor aus mit seinem Pfeil, und zwei Menschen werden vom Blitz der Liebe getroffen. Heute fühle ich, daß der Einfluß der Venus Männer und Frauen liebevoll aufeinander zuführt, zu einer Liebe, der die Liebe selbst der Lohn ist. Heute bin ich besonders offen für die unvorstellbare Schönheit, mit der Tiere, Pflanzen und Menschen sich schmücken, um dem anderen Geschlecht aufzufallen. Kein Schmetterling besucht eine Pflanze, wenn ihre Blüte nicht herrlich in allen Farben glüht. Kein Weibchen beachtet ein Männchen, ist es nicht auffällig mit schillernden Federn oder Fell geschmückt. Venuskraft ist die Ursache der hohen Zeit der Natur und ist in ihrer Offenbarung Schönheit, Harmonie, Kunst und Liebe. Zu dieser gehören jedoch nicht nur Anziehung, sondern auch Besitzgier, ebenso wie die höchste universelle Liebe.
Heute verspüre ich Sehnsucht nach einem Gespräch. Für mich verkörpert ein Gespräch tiefe Sympathie, eine Verbundenheit mit dem anderen Menschen, so daß ich mit der Energie des anderen mitströmen kann und mich in dieser Welt nicht mehr einsam oder zurückgelassen fühle.
Heute wäre auch die ideale Zeit, einen Brief zu schreiben. Ich fühle, daß meine Liebe und Zuneigung zu einem Menschen, den ich längst vergessen hatte, zu strömen beginnt, und teile ihm das mit. Vielleicht entgegnet er meine Gefühle, freut sich und antwortet mir.
Und wenn ich verunsichert bin durch Vorzüge anderer, dann kenne ich kein besseres Heilmittel als die Liebe zu mir selbst. Deshalb versuche ich, mich selbst zu verwöhnen und mich selbst zu mögen.
Heute will ich nur aus Liebe handeln und in Liebe leben.

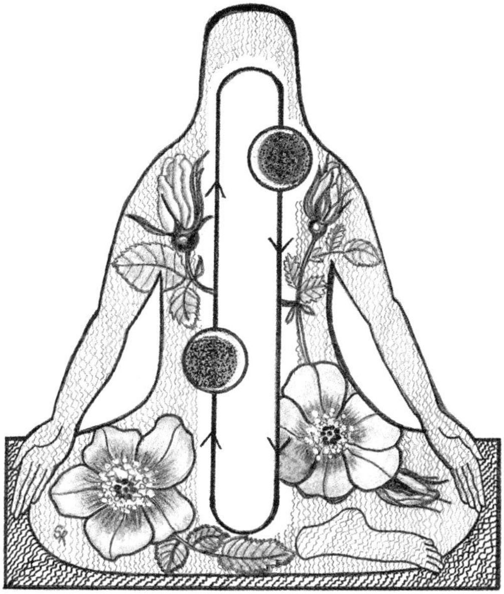

Übung zur Verstärkung der Venuskraft

1. Schreiben Sie auf ein Blatt Papier die Eigenschaften, die Sie sich von einem idealen Partner wünschen.
   Hängen Sie dieses Blatt so auf, daß Sie es jeden Tag sehen.
2. Setzen Sie sich entspannt auf einen Stuhl und betrachten Sie noch einmal in Gedanken die Liste, die Sie geschrieben haben.
3. Schließen Sie die Augen, und stellen Sie sich den leuchtenden glückbringenden Himmelskörper Venus vor, wie er in einem schönen harmonischen Oval Ihre Wirbelsäule entlang hinauf und hinunter gleitet.
4. Begleiten Sie diese Übung mit den Gedanken: »Venus führt zwei liebende Seelen unaufhaltsam zusammen« oder »Venus festigt das Band zwischen einer liebenden Frau und einem liebenden Mann«.
5. Wiederholen Sie diesen Satz in Gedanken immer wieder, bis er in Ihr Unbewußtes eindringt.

1. Übung

♀

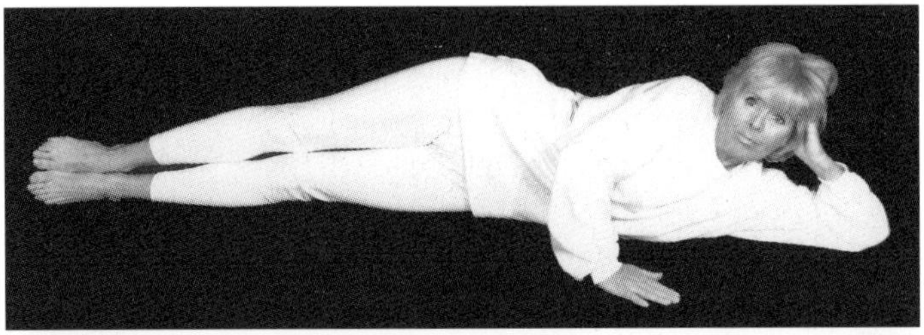

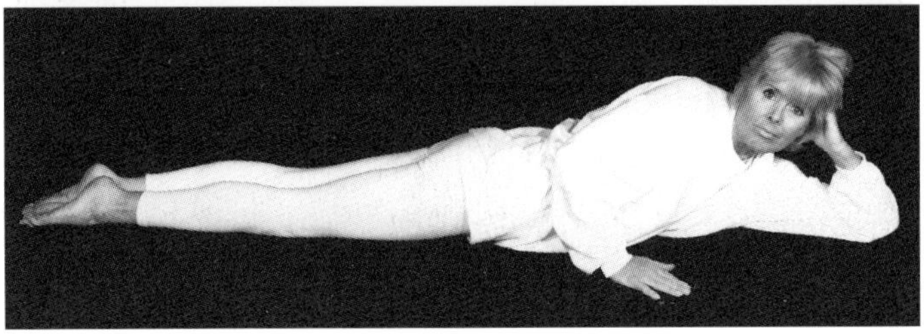

1. Legen Sie sich seitlich auf den Boden.
2. Stützen Sie mit der linken Hand Ihren Kopf. Stützen Sie mit der rechten Hand Ihren Körper. Bleiben Sie mit Ihrem Oberkörper ruhig. Drehen Sie Ihr Becken behutsam weit nach rechts, bis es am Boden aufliegt. Dann drehen Sie es langsam wieder zurück.
   Fahren Sie jetzt so fort: Becken drehen; Hüftknochen liegen am Boden auf; Becken zurück in die Ausgangslage. Üben Sie das so lange, wie es Ihnen angenehm ist, und Sie fühlen, wie weich und geschmeidig Taille, Becken und Rücken nachzugeben beginnen.
3. Dann legen Sie sich auf die andere Seite und wiederholen die Übung.

2. Übung

♀

1. Sitzen Sie mit gegrätschten Beinen auf dem Boden.
2. Strecken Sie die Arme nach oben. Ellenbogen durchgestreckt. Verschränken Sie die Finger ineinander, und drehen Sie die Handflächen nach oben. Mit dem Ausatmen neigen Sie sich jetzt auf die linke Seite, wobei Sie die Arme vollkommen durchgestreckt lassen.
   Fühlen Sie, wie Sie die Rippen des rechten Brustkorbes auseinanderfächern, die Muskeln sanft strecken und dehnen.
   Wiederholen Sie diesen Bewegungsablauf, solange Sie es angenehm finden.
3. Dann machen Sie die Übung auf die andere Seite.

Denken Sie während der Übungen an leuchtend blaue Saphire, in denen sich die Sterne des Himmels widerspiegeln.

3. Übung

♀

1. Legen Sie sich auf den Bauch. Winkeln Sie das linke Bein an.
2. Legen Sie die Unterarme auf den Boden, und heben Sie den Kopf hoch. Bleiben Sie ganz bewegungslos in dieser Stellung, und atmen Sie bewußt durch die Nase aus und ein. Beobachten Sie Ihren Atem. Fühlen Sie, wie Ihre Atemwege frei werden.
   Bleiben Sie so lange in dieser Stellung, wie es Ihnen angenehm ist.
3. Dann machen Sie die Übung auf der anderen Seite, indem Sie das rechte Bein anwinkeln und das linke Bein durchstrecken.

4. Übung

♀

1. Setzen Sie sich auf den Boden.
2. Stellen Sie das rechte Bein angewinkelt auf, und das linke Bein winkeln Sie an. Sitzen Sie ganz gerade. Die Arme sind durchgestreckt, und Sie berühren mit den Fingerspitzen den Boden.
3. Bleiben Sie bewegungslos so sitzen, und atmen Sie durch die Nase aus und ein. Beobachten Sie Ihren Atem, verlieren Sie sich ganz in der Beobachtung Ihres Atems. Fühlen Sie die tiefe Ruhe und strömende Wärme, die den Rücken- und Schulterbereich durchströmt.
4. Dann machen Sie die Übung auf der anderen Seite, winkeln das rechte Bein an und stellen das linke Bein auf.

5. Übung

♀

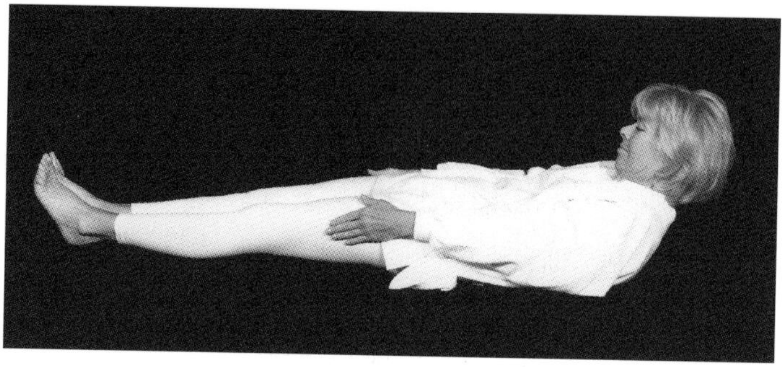

1. Legen Sie sich auf den Boden. Heben Sie gleichzeitig Kopf und Beine hoch, während Ihre Hände an den Hüften liegen.
2. Bleiben Sie bewegungslos so liegen und atmen ca. zehnmal durch die Nase ruhig und langsam aus und ein.
   Legen Sie sich zurück, und entspannen Sie sich.
   Fühlen Sie dabei, wie sich Wärme im Nabelbereich ausbreitet.

Samstag – Saturnkraft

Der Saturn schenkt mir die Erkenntnis, Gedanken sind frei, Materie ist begrenzt.

Saturnkraft ist der Schlüssel, mit der die Schöpfung den Himmel öffnet und schließt. Ich weiß, daß ich heute für mich und andere Zeit habe, denn ich habe für alles Zeit, was mir wichtig ist. Ich weiß aus Erfahrung, daß wenn ich mit meiner Zeit geizig bin, oft Mutlosigkeit, Erfolglosigkeit und Depressionen an meine Tür klopfen. Ebenso zwecklose Wünsche und übertriebene Arbeitswut, die mich eigentlich nicht wirklich befriedigen.
Heute nehme ich mir freudig Zeit für mich und nütze die Zeit des Alleinseins, um über den Weg, den ich bisher gegangen bin, nachzudenken. Die Saturnkraft macht mich feinfühlig für die Frage nach dem Sinn meines Lebens. Ich erkenne, daß ich gedanklich völlig ungebunden bin, und kann mich in meiner Phantasie auf Reisen begeben. In meiner Vergangenheit entdecke ich, daß ich durch Hartnäckigkeit und Ausdauer fast alle Schwierigkeiten meines Lebens überwunden habe. Für die Zukunft überlege ich mir, was mein größter Wunsch ist.
Treue und absolutes Vertrauen zu mir selbst öffnen mir die Tore zur wahren Gelassenheit, die mich mit jeder Situation fertig werden läßt. Erst wenn ich weiß, daß es in einer bestimmten Lebenslage kein Problem mehr gibt, daß alles in Zukunft gutgeht, erst dann kann ich wirklich fortgehen und Neues beginnen – früher nicht. Denn ich bin mir bewußt, überall, wo ich hingehe, nehme ich meine unbewältigten Probleme mit und kann nichts Neues, Fruchtbringendes beginnen.
Und ich weiß, überall dort, wo Widerstand herrscht, liegt meist ein Schatz für mich verborgen, den ich finden werde. Denn nicht nur die Dinge, sondern auch jeder Mensch, der mir begegnet, hat eine Botschaft für mich, die ich zur richtigen Zeit verstehen kann.

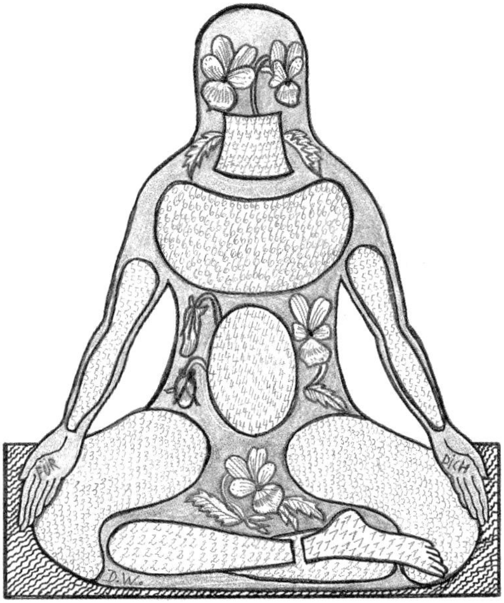

Übung zur Verstärkung der Saturnkraft

1. Setzen Sie sich mit geradem Rücken auf einen Stuhl oder im Schneidersitz auf ein Kissen. Atmen Sie ruhig durch die Nase aus und ein.
2. Teilen Sie in Gedanken Ihren Körper in sieben Teile. 1. Füße, 2. Waden, 3. Oberschenkel, 4. Magen, 5. Arme, 6. Brust, 7. vordere und hintere Halspartie.
3. Spannen Sie jetzt gleichzeitig alle Körperteile an. Zählen Sie bis drei, und entspannen Sie sich. Bleiben Sie still sitzen, und genießen Sie das Gefühl des Loslassens.
4. Spannen und Entspannen Sie nacheinander jedes der sieben Körperteile und denken Sie: »Wellen der Liebe berühren mich«.

   Um ein krankes Körperteil zu heilen, spannt man es an und entspannt es. Dies wiederholt man fünfmal. Danach leitet man dem kranken Körperteil Energie zu, als wollte man die Krankheit ausbrennen.

1. Übung

♄

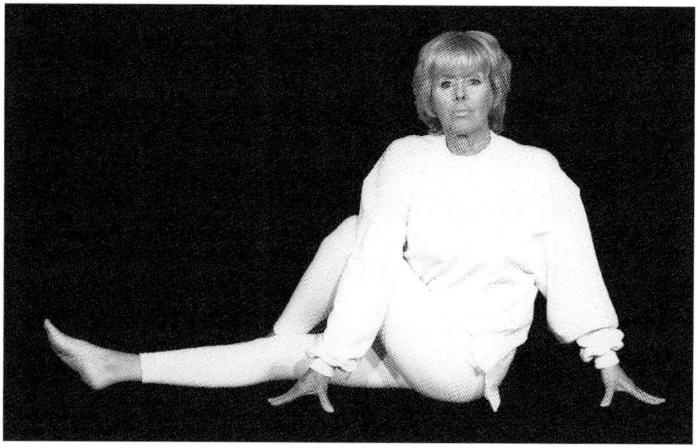

1. Setzen Sie sich auf den Boden.
2. Winkeln Sie das linke Bein an, und stellen Sie es über das ausgestreckte Bein. Den Oberkörper halten Sie gerade, mit den beiden Händen berühren Sie den Boden.
3. Schließen Sie die Augen, atmen Sie langsam durch die Nase ein und aus und riechen den herrlichen Duft von Orchideen.
   Verharren Sie so lange in der Position, wie es Ihnen angenehm ist.
   Fühlen Sie, wie der Rücken wohlig geradegestreckt und die Hüftregion warm durchblutet wird.
4. Lösen Sie die Stellung langsam und wiederholen Sie sie auf der anderen Seite.

2. Übung

1. Legen Sie sich auf den Rücken.
2. Strecken Sie Arme und Beine aus, den rechten Arm lassen Sie langsam nach links hinübergleiten. Die Beine gleiten ebenfalls nach links. Der linke Arm liegt an der linken Körperseite.
3. Drehen Sie behutsam den Kopf nach rechts. Bleiben Sie jetzt so liegen und beobachten Sie Ihren Atem, denken Sie an den Duft von Orchideen. Liegen Sie so lange, wie es Ihnen angenehm ist (ca. zwanzig Atemzüge).
   Fühlen Sie, wie der ganze Körper sanft geradegestreckt wird.
4. Lösen Sie die Stellung behutsam, ruhen Sie sich eine kurze Zeit aus. Dann wiederholen Sie die Übung auf der anderen Seite.

3. Übung

♄

1. Legen Sie sich auf den Rücken.
2. Greifen Sie mit den Händen unter die Kniekehlen, und ziehen Sie die eng angewinkelten Beine an sich heran.

3. Mit dem Einatmen strecken Sie die Beine gerade nach oben.
4. Mit dem Ausatmen senken Sie die Beine langsam.
   Wiederholen Sie hochstrecken – einatmen, senken – ausatmen, solange es Ihnen angenehm ist.
   Fühlen Sie dabei, wie die Oberschenkel sich straffen und warm durchblutet werden.

4. Übung

♄

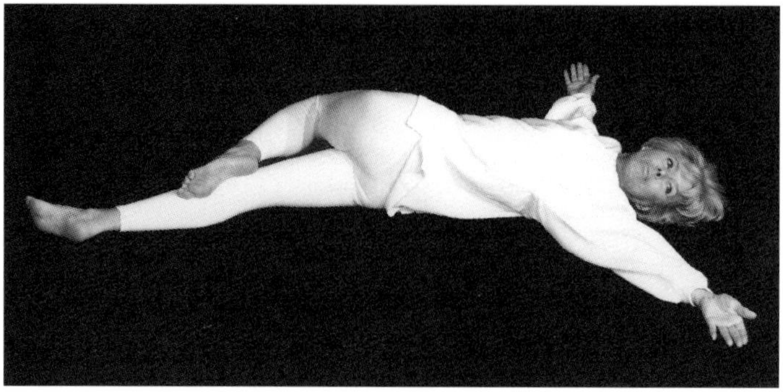

1. Liegen Sie entspannt auf dem Boden. Die Arme seitlich ausgestreckt, die Handflächen zeigen nach oben.
2. Legen Sie den linken Fuß auf das rechte ausgestreckte Bein.
3. Drehen Sie sich langsam auf die rechte Seite, achten Sie darauf, daß die Arme am Boden aufliegen. Dann drehen Sie den Kopf behutsam nach links. Bleiben Sie so, solange es Ihnen angenehm ist. Wenn Sie möchten, können Sie den Bewegungsablauf wiederholen.
4. Dann legen Sie den rechten Fuß auf das linke ausgestreckte Bein. Drehen Sie sich langsam auf die linke Seite, und drehen Sie den Kopf behutsam auf die rechte Seite.
   Genießen Sie die Wärme in den durchgearbeiteten Hüft- und Schultergelenken.

Denken Sie während der Übungen an die Härte und Widerstandsfähigkeit eines funkelnden energiegeladenen Diamanten und sein gleißendes Strahlen.

Empfehlungen zur Vorsorge

Vorsorgetips für die zwölf Tierkreiszeichen

Zeichen	Sensible Körperzone	Vorsorge
Widder	Kopf, Gehirn, Augen Nieren Muskelsystem Geschlechtsdrüsen	Viel im Freien spazieren, den Blick auf Grünes richten. Jeden Tag eine gekochte Karotte. Viel Zitronenwasser trinken. Sport ohne Übertreibung. Reger Sexualverkehr.
Stier	Kehle, Schilddrüse Lendenregionen Nebenschilddrüsen	Warmes Schlafzimmer. Radfahren (Zimmerrad). Meditation, Atemübungen.
Zwilling	Schulter, Arme, Hände Atmung, Gehirn Nervensystem	Wirbelsäulenübungen. In frischer Luft spazierengehen, lesen. Gesellschaftstanz.
Krebs	Verdauungstrakt Brust, Leber, Lunge	Öfters kleine Mahlzeiten. Schwimmen. Wenig Fett und Alkohol.
Löwe	Herz, Rücken, Zwerchfell Kreislauf. Abwehrsystem	Atemübungen, Schwimmen, Wandern. Leichten Sport. Genügend Schlaf.
Jungfrau	Bauchspeicheldrüse Nerven Blutkreislauf	Keine kalten Getränke. Viel Ruhe. Meditation. Leichte Bewegungsübungen.

Zeichen	**Sensible Körperzone**	**Vorsorge**
Waage	Schilddrüse Blase, Niere Hüfte	Kalkhaltige Nahrung. Beckentraining. Viel trinken. Nicht steil bergauf und bergab gehen.
Skorpion	Harnleiter Eierstöcke, Hoden Zellbildung	Viel trinken (Zitronensaft). Vorsicht vor Erkältungen. Jährlich Vorsorgeuntersuchung. Geregeltes Leben. Meditation.
Schütze	Blutkreislauf, Venen Hormonhaushalt Leber	Täglich leichte Bewegung. Meditation, Atemübungen. Wenig Alkohol und tierisches Fett.
Steinbock	Knie, Gelenke, Knochen Haut	Kalkreiche Nahrung. Leichte tägliche Körperbewegung. Magermilchprodukte und Vitamin-A-reiche Kost.
Wassermann	Venen, Kreislauf Blase, Geschlechtsdrüsen	Viel Bewegung, Radfahren. Keine Unterkühlung. Nüsse.
Fisch	Füße, Zehen Nervensystem Verdauung	Fuß-, Beintraining. Meditation. Gemüse, Obst, Nüsse.

Vorsorgeübungen für die zwölf Tierkreiszeichen

Gesundheit und Wohlbefinden mit Susi Rieth

Das Geheimnis der ewigen Jugend!
Das neue Sieben-Tage-Programm
aus Tibet und Bhutan steigert
Vitalität und Wohlbefinden
und schenkt innere Harmonie
und mystische Fähigkeiten.

120 Seiten
DM/sFr 29,80/öS 233,--
ISBN 3-485-00727-7

Steigern
Sie Ihre
körpereigenen
Energien!

216 Seiten
DM/sFr 29,80
öS 233,--
ISBN 3-485-00684-X

Spezielle
Yogaübungen
für Kinder

96 Seiten
DM/sFr 22,--
öS 172,--
ISBN 3-88010-243-0